TOUCH VOCA

터치 보카 고등편

발행일	2017년 12월 1일

지은이	이 주 홍, 박 형 제		
펴낸이	손 형 국		
펴낸곳	(주)북랩		
편집인	선일영	편집	이종무, 권혁신, 오경진, 최예은, 오세은
디자인	이현수, 김민하, 한수희, 김윤주	제작	박기성, 황동현, 구성우
마케팅	김회란, 박진관, 김한결		
출판등록	2004. 12. 1(제2012-000051호)		
주소	서울시 금천구 가산디지털 1로 168, 우림라이온스밸리 B동 B113, 114호		
홈페이지	www.book.co.kr		
전화번호	(02)2026-5777	팩스	(02)2026-5747

ISBN	979-11-5987-862-6 14740(종이책)	979-11-5987-863-3 15740(전자책)
	979-11-5987-864-0 14740(세트)	

잘못된 책은 구입한 곳에서 교환해드립니다.

TOUCH VOCA

터치 보카

듣기만 하면 단어 암기 끝!
듣기평가도 자동해결!

국민영단어!
터치 보카!

이주홍 · 박형제 지음

북랩 book Lab

CONTENTS

Part 01

스팩

터치 보카란?

「스팩」이란?

'점수 공장': 'Score **Fac**tory'

'S'와 'Fac'을 따와 'SFac'으로 합성한 것.

공장이 좋은 물건을 자동으로 만들어 내듯
'스코어 팩토리'는 좋은 점수를 자동으로 만들어 낸다.

「터치 보카」란?

시험에 빈번히 출제되는 단어들만을 엄선하여, 각종 시험을 완벽히
대비해주는 「터치 보카」는 다음과 같은 장점들이 있다.

❶ 지루하고 힘들었던 단어 공부를 터치 한 번으로 자동 암기
❷ 단어암기를 오히려 어렵게 만들었던 유의어/반의어/파생어/예문
   등을 과감히 삭제하여 단어암기의 효율성 극대화
❸ 자체개발/특허출원 '한글발음표기법'을 사용하여,
   영어 발음에 대한 접근성을 높이고, 학습자의 심적 부담감을 줄임
❹ 반복적으로 영어발음에 노출됨으로써 리스닝이 향상되는 더블 효과

「터치 보카」 사용법

❶ 단어/뜻/발음기호 어느 한 부분을 터치펜으로 터치하면 해당단어의 발음과 뜻이 play된다.

❷ 단어는 한 교재를 선정하여 처음부터 끝까지 빠르게, 한번 끝내주는 것이 중요하다. 일단 말하는 펜으로 암기 부담을 줄여주는 「터치 보카」 공부법으로 책 한 권을 끝내본다. (공부에 대한 자신감 획득)

❸ 다음 단계는 꾸준한 반복으로 단어를 머릿속에 각인시키는 과정이다. 하루 공부할 일정량의 단어수를 선정한 뒤 터치펜으로 꾸준히 복습한다.

❹ 듣기만으로 단어가 암기되는 부담없는 학습법으로, 도중에 포기하는 일 없이 끝까지 책을 끝낼 수 있을 것이다. 이렇게 「터치 보카」를 5회 정도 반복하다 보면, 준비 중인 영어시험의 점수가 비약적으로 향상되는 효과를 얻을 수 있다.

❺ 영어 발음에 대한 접근성을 높이고, 학습자의 심적 부담감을 줄이기 위해 한글발음을 자체 개발하여 발음기호와 병기하였다.

| 한글발음 주의사항 |

❶ 한국어로는 정확히 표현할 수 없는 L/R/F 발음에 대해, L/R 은 가장 유사한 한국어 발음 'ㄹ'에 접목시켜 놓았고, F 발음은 편의상 'ㅃ'로 표기

❷ 강세 있는 발음은 굵은 글자로 표기

[터치펜 사용법]

❶「터치펜」의 전원을 켠다.

❷「터치펜」의 펜촉이「터치 보카」와 수직을 이루게 한다.

❸ 그러면 학습내용이 이어폰을 통해 흘러나온다.

❹ 영어 발음에 대한 접근성을 높이고, 학습자의 심적 부담감을 줄이기
위해 한글발음을 자체 개발하여 발음기호와 병기하였다.

[터치펜 구입처]

❶「터치 보카」홈페이지

❷「터치 보카」네이버 스토어팜 (권장)

❸「터치 보카」네이버 카페

❹ 카카오톡문의 : jjjneat (카카오톡 아이디)

❺ 전화문의 : 010-9407-6841

Part **02**

단어

Chunk set 01 ▸▸

단어	뜻	발음기호	한글발음
vivid	생생한, 발랄한, 생기있는	vívid	**비**비드
nationality	국적, 국가	næʃənæləti	내셔**낼**럿티
surgeon	외과의사	səːrdʒən	**써**젼
vanity	허영심, 자만	vænəti	**배**너티
approach	접근, (v.) 접근하다, 다가가다	əprouʧ	어프**로**우취

Korea

severe	엄격한, 호된, 심각한	sivíər	씨**비**어
innocent	순진한, 무죄의, 결백한	inəsənt	**이**너슨트
fame	명성, 평판	feim	뻬임
fancy	공상, (adj.) 공상적인, 화려한, 고급의	fænsi	뺀시
bow	활, (v.) 머리를 숙이다	bou / (v.) bau	보우 / (v.) 바우

단어	뜻	발음기호	한글발음
splendid	화려한, 훌륭한, 찬란한	splendid	스플렌디드
exhaust	소진하다, 지치다, 다 써버리다	igzɔ:st	이그**죠**스트
consume	소비하다, 다 써버리다, 소모하다	kənsu:m	컨**쑴**
aggressive	공격적인	əgresiv	어그레시브
dash	내던지다, 돌진하다	dæʃ	대쉬

USA

competition	경쟁, 시합	kampətiʃən	캄퍼**티**션
submarine	잠수함, 해저의	sʌbməri:n	써브머**린**
mistress	여주인	mistris	**미**스트리쓰
support	지지하다, 부양하다	səpɔ:rt	써**포**트
embryo	태아, 애벌레	embriou	**엠**브리오우

Chunk set 02 ▸▸

단어	뜻	발음기호	한글발음
integrate	통합하다, 합병하다	intəgreit	**인터**그레잇트
compact	소형의, 밀집한, 작고 경제적인	kəmpækt	**컴**팩트
embark	착수하다, 짐을 싣다, 승선시키다	imba:rk	임**박**크
contemporary	현대의, 동시대의	kəntempəreri	컨**템**퍼러리
script	손으로 쓰기, 필적, 대본, 각본	skript	스크립트

Korea — Japan

단어	뜻	발음기호	한글발음
reign	통치, 군림, (v.) 통치하다	rein	레인
plunge	던져넣다, 뛰어들다	plʌndʒ	플런쥐
tradition	전통, 전설	trədiʃən	트래디션
interrogate	심문하다, 질문하다	interəgeit	인**테**러게잇트
brutal	야만적인, 짐승의, 잔인한	bru:tl	브**루**털

단어	뜻	발음기호	한글발음
chant	노래, 성가, 슬로건	ʧænt	챈트
matter	물질, 문제, (v.) 중요하다	mætər	매터
drudgery	고된 일, 하기 싫은 일	drʌdʒəri	드러져리
reside	살다, 거주하다	rizaid	라자이드
purpose	목적, 의도	pə:rpəs	퍼퍼즈

USA

단어	뜻	발음기호	한글발음
corrupt	타락한, 부패한, (v.) 타락시키다	kərʌpt	커럽트
wagon	4륜 마차	wægən	왜건
handle	손잡이, (v.) 다루다, 조종하다, 취급하다	hændl	핸들
namely	즉, 다시 말하면	neimli	네임리
shift	이동하다, 이동시키다	ʃift	쉬프트

Chunk set 03 ▸▸

단어	뜻	발음기호	한글발음
paw	동물의 발	pɔː	포
ax	도끼	æks	액쓰
fine	좋은, 훌륭한, (n.) 벌금	fain	빠인
convey	나르다, 운반하다, 전달하다	kənvei	컨베이
agitate	선동하다, 흥분시키다	ædʒiteit	애쥐테잇

Korea ✈ Japan

단어	뜻	발음기호	한글발음
main	주된, 주요한	mein	메인
singular	특이한, 유일한, 둘도 없는	siŋgjulər	씽결러
stall	멎다, 막히다	stɔːl	스토을
label	상표, 꼬리표	leibəl	레이블
spread	펴다, 펼치다, 펴바르다(spread-spread-spread)	spred	스프레드

단어	뜻	발음기호	한글발음
pinch	꼬집다, 까다, 집다	pinʧ	핀취
means	수단, 방법, 재산, 부	mi:nz	미인즈
aesthetics	미학('美'를 연구하는 학문)	esθetiks	에쎄틱쓰
ban	금지, (v.) 금지하다	bæn	밴
intrude	억지로 밀어넣다, 침입하다	intru:d	인트루드

USA

단어	뜻	발음기호	한글발음
fairy	요정, (adj.) 요정의	fɛəri	뻬어리
share	몫, 할당, (v.) 분배하다, 공유하다	ʃɛər	쉐어
wild	야생의, 거친	waild	와일드
emperor	황제	empərər	엠퍼러
obscure	애매한, 분명치 않은	əbskjuər	어브스큐어

Chunk set 04 ▸▸

단어	뜻	발음기호	한글발음
method	방법, 수단	meθəd	메써드
feature	용모, 모양, 특색	fiːʧər	삐쳐
prescribe	규정하다, 지시하다, 처방하다	priskraib	프리쓰크라이브
recently	최근에, 요즘에	riːsntli	리슨틀리
contagion	전염, 감염	kənteidʒən	컨테이젼

Korea ✈ **Japan**

terminal	끝의, 종말의, (n.) 종점, 터미널	təːrmənl	터미널
coffin	관	kɔ(ː)fin	코삔
recall	상기시키다, 생각나게 하다	rikɔːl	리콜
hindrance	방해, 장애, 방해물	hindrəns	힌드런쓰
worn-out	닳아 해진, 낡은, 진부한		원아웃

단어	뜻	발음기호	한글발음
wastebasket	쓰레기통, 휴지통	weistbæskit	웨이스트배스킷
found	설립하다, 창립하다	faund	빠운드
empower	권력을 주다, 능력을 주다	impauər	임파우어
penny	(영국의 화폐 단위) 페니, 푼돈, 잔돈	peni	페니
amplify	증폭시키다	æmplifai	앰플리빠이

USA

단어	뜻	발음기호	한글발음
render	~을 ~의 상태에 빠지게 하다, 원조를 주다	rendər	렌더
uproot	뿌리째 뽑다, 근절시키다	ʌpru:t	업루트
crook	굽은 것, 갈고리	kruk	크룩
pneumonia	폐렴	njumounjə	뉴모우니어
cancel	취소하다, 중지하다	kænsəl	캔슬

Chunk set 05 ▸▸

단어	뜻	발음기호	한글발음
dreary	황량한, 음울한, 우울한	driəri	드리어리
detergent	세제	ditə:rdʒənt	디**터**젼트
straw	짚, 밀짚, 빨대	strɔ:	스트로
optimist	낙천주의자	aptəmist	**압**티미스트
precede	앞서다, 우선하다	prisi:d	프리**씨**드

Korea   Japan

단어	뜻	발음기호	한글발음
commemorate	기념하다, 축하하다	kəmeməreit	커**메**머레잇트
thereby	그것에 의하여, 그것으로	ðɛərbai	데어**바**이
amuse	재미나게 하다, 즐겁게 하다	əmju:z	어뮤즈
decrease	감소, (v.) 감소하다, 줄이다	di:kris / (v.) dikri:s	**디**크리스 / (v.) 디크리**스**
peer	동료, (v.) 응시하다	piər	피어

단어	뜻	발음기호	한글발음
soothe	달래다, 진정시키다	su:ð	쑤드
frank	솔직한, 명백한	fræŋk	쁘랭크
poverty	가난, 빈곤	pavərti	파벗티
delicate	섬세한, 민감한, 미묘한	delikət	델릿컷
occur	발생하다	əkə:r	어커

USA

physician	의사, 내과의사	fiziʃən	삐지션
forehead	이마, 앞부분	fɔ:rhed	뽀헤드
expose	드러내다, 노출하다	ikspouz	익쓰포우즈
administer	경영하다, 관리하다, 운영하다	ədministər	어드미니스터
estate	재산, 자산	isteit	이스테잇

Chunk set 06 ▶▶

단어	뜻	발음기호	한글발음
conservative	보수적인, 전통적인	kənsə:rvətiv	컨써버티브
dragonfly	잠자리	drægənflai	드래건쁠라이
erode	침식하다, 부식시키다	iroud	이로우드
credible	믿을 수 있는, 신뢰할 수 있는	kredəbl	크레더블
philosopher	철학자	filasəfər	삘라써뻐

Korea   Japan

단어	뜻	발음기호	한글발음
intermission	중지, 휴식시간	intərmiʃn	인터미션
estimation	평가, 판단	estəmeiʃən	에스터메이션
recommend	추천하다, ~을 권하다	rekəmend	레커멘드
chat	잡담, (v.) 잡담하다	ʧæt	챗
manipulate	능숙하게 다루다, 솜씨 있게 처리하다	mənipjuleit	머니퓰레잇트

단어	뜻	발음기호	한글발음
strain	긴장, 큰 부담, (v.) 긴장시키다	strein	스트레인
devise	고안하다, 궁리하다, 발명하다	divaiz	디**바**이즈
housekeeper	주부, 가정부	hauski:pə	**하**우쓰키퍼
duplicate	복사, 사본, (v.) 복사하다	dju:plikət / (v.) dju:plikeit	**듀**플리컷 / (v.) **듀**플리케잇
highlight	두드러지게 하다, 강조하다, (n.) 주요 부분	hailait	**하**일라잇트

USA

단어	뜻	발음기호	한글발음
autonomy	자치권, 자율성	ɔ:ta:nəmi	오**타**너미
roam	돌아다니다, 배회하다	roum	로움
encounter	우연히 만나다, 마주치다	inkauntər	인**카**운터
unlock	열다, 자물쇠를 열다	ʌnla:k	언락
prudent	신중한, 분별 있는	pru:dnt	프루던트

Chunk set 07 ▸▸

단어	뜻	발음기호	한글발음
converter	변환기, 변화시키는 사람	kənvə:rtər	컨**버**터
multiple	복식의, 복합적인, 다수의	mʌltəpl	**멀**티플
patriot	애국자	peitriət	**페**이트리엇
predict	예언하다, 예측하다	pridikt	프리**딕**트
ascend	오르다, 올라가다, 상승하다	əsend	어**쎈**드

Korea ✈ Japan

단어	뜻	발음기호	한글발음
literacy	읽고 쓸 줄 앎	litərəsi	**리**터러씨
holy	신성한, 성스러운	houli	**호**울리
awful	무시무시한, 대단한	ɔ:fəl	**오**뿔
detract	(가치/명성 등을) 떨어뜨리다	ditrækt	디트**랙**트
stifle	~의 숨을 막다, 질식시키다	staifl	쓰**타**이쁠

단어	뜻	발음기호	한글발음
cripple	불구자, 장애자, 절름발이	kripl	크리플
drill	송곳, 훈련, 연습, (v.) 드릴로 구멍을 뚫다	dril	드릴
browse	(물건 등을 보며) 돌아다니다, (책을) 여기저기 읽다	brauz	브라우즈
testimony	증언, 증명	testəmouni	테스터모우니
wind	바람, (v.) 감다, 돌리다(wind-wound-wound)	wind / (v.) waind	윈드 / (v.) 와인드

USA

단어	뜻	발음기호	한글발음
geology	지질학	dʒialədʒi	쥐알러쥐
bond	본드, 접착제, 묶는 것, 유대	band	반드
average	평균, 표준, (adj.) 평균의, 보통의	ævəridʒ	애버리쥐
criterion	표준, 기준	kraitiəriən	크라이티어리언
thump	때림, (v.) (특히 주먹으로 세게) 치다	θʌmp	썸프

Chunk set 08 ▸▸

단어	뜻	발음기호	한글발음
categorize	분류하다, 범주에 넣다	kætəgəraiz	캐터거라이즈
complimentary	칭찬하는, 무료의	kampləmentəri	캄플러**멘**터리
luxury	사치, 사치품	lʌkʃəri	**럭**셔리
resort	유흥지, 수단, 의존, (v.) 의존하다	rizɔ:rt	리**죠**트
brink	가장자리, 아슬아슬한 순간	briŋk	브링크

Korea   Japan

단어	뜻	발음기호	한글발음
drastic	과감한, 철저한	dræstik	드래스틱
fatal	치명적인, 운명의	feitl	**뻬**이틀
release	풀어주다, 석방하다, 놓아주다	rili:s	릴리스
occupy	점령하다, 점유하다, 차지하다	akjupai	**아**큐파이
initial	머리글자, (adj.) 처음의, 최초의	iniʃəl	이니셜

단어	뜻	발음기호	한글발음
moan	신음, (v.) 신음하다, 슬퍼하다	moun	모운
decline	거절하다, 기울다, 쇠퇴하다	diklain	디클**라**인
access	접근, 출입	ækses	**액**쎄쓰
summary	요약, (adj.) 요약한	sʌməri	**써**머리
alliance	동맹, 연맹	əlaiəns	얼**라**이언쓰

USA

단어	뜻	발음기호	한글발음
wheat	밀	hwi:t	**휫**트
suburban	교외의, 교외에 사는	səbə:rbən	써**버**번
refine	정제하다, 제련하다	rifain	리**빠**인
dissent	불찬성, (v.) 의견을 달리하다, 반대하다	disent	디**쎈**트
whim	변덕, 잘 변하는 마음	hwim	**휨**

Chunk set 09 ▶▶

단어	뜻	발음기호	한글발음
disaster	재앙, 불행, 재난	dizǽstər	디**재**스터
partial	부분적인, 편파적인	pɑ:rʃəl	**파셜**
latest	최신의, 최근의	leitist	**레**이티스트
rat	쥐	ræt	랫
auditorium	강당, 방청석	ɔ:ditɔ:riəm	오디**토**리엄

Korea ————✈———— Japan

단어	뜻	발음기호	한글발음
acquaint	알리다, 기별하다	əkweint	어**퀘**인트
saddle	안장, (v.) 안장을 얹다	sædl	**쌔**들
chaos	혼돈, 무질서	keias	**케**이아쓰
diet	식이요법, 음식	daiət	**다**이어트
polar	극지방의, 남/북극의	poulər	**포**울러

단어	뜻	발음기호	한글발음
charter	헌장, 선언서, 전세	ʧɑ:rtər	챠터
reconcile	화해시키다, 조정하다	rekənsail	레컨싸일
noble	고귀한, 귀족의	noubl	노우블
friction	마찰, 충돌	frikʃən	쁘릭션
array	군대를 정렬시키다, 배열하다, 배치하다	ərei	어레이

USA

단어	뜻	발음기호	한글발음
inaudible	알아들을 수 없는, 들리지 않는	inɔ:dəbl	인오더블
perceive	지각하다, 인지하다	pərsi:v	퍼씨브
superficial	표면상의, 피상적인, 외면의	su:pərfiʃəl	쑤퍼삐셜
inner	안쪽의, 내적인	inər	이너
ecstasy	황홀, 무아지경	ekstəsi	엑쓰터씨

Chunk set 10 ▸▸

단어	뜻	발음기호	한글발음
add	더하다, 추가하다, 합치다	æd	애드
epoch	신기원, 신시대	epək	에퍽
eminent	저명한, 뛰어난	emənənt	에머넌트
coherent	시종일관된, 조리 있는	kouhiərənt	코우**히**런트
layer	층	leiər	레이어

Korea — Japan

단어	뜻	발음기호	한글발음
outrage	불법행위, 난폭, 폭행, 격분	autreidʒ	아웃레이쮀
utter	전적인, 완전한, (v.) 말하다, 발언하다	ʌtər	어터
attempt	시도, (v.) 시도하다	ətempt	어템프트
scan	자세히 검사하다, 훑어보다	skæn	스캔
discern	식별하다, 일어나다	disə:rn	디썬

단어	뜻	발음기호	한글발음
moss	이끼	mɔ:s	모스
be made from	~으로 만들어지다(화학적 변화)		비 메이드 쁘롬
memorable	기억할 만한, 중대한	memərəbl	메머러블
voyage	항해, (v.) 항해하다	vɔiidʒ	보이쥐
cellular	무선전화의, 세포의	seljulər	쎌류러

USA

단어	뜻	발음기호	한글발음
fantasy	공상, 환상	fæntəsi	빤터씨
enterprise	일의 기획, 모험심, 기업	entərpraiz	엔터프라이즈
optimal	최선의, 최상의, 최적의	aptəməl	압티멀
sage	현인, (adj.) 슬기로운	seidʒ	쎄이쥐
toxic	유독한, 중독성의, (n.) 유독 화학약품	taksik	톡씩

Chunk set 11 ▸▸

단어	뜻	발음기호	한글발음
now that	~이기 때문에		나우 댓
compulsory	강제적인, 의무적인	kəmpʌlsəri	컴펄써리
maxim	격언, 금언	mæksim	맥씸
closet	벽장, 찬장	klazit	클라짓
bridegroom	신랑	braidgru:m	브라이드그룸

Korea   Japan

단어	뜻	발음기호	한글발음
change	변하다, 변환하다	ʧeindʒ	체인쥐
separate	분리하다, (adj.) 분리된	sepəreit / (adj.) sepərit	쎄퍼레잇트 / (adj.) 쎄퍼럿
postpone	연기하다, 뒤로 미루다	poustpoun	포우스트포운
vigor	활기, 원기	vigər	비거
absolute	절대적인, 순전한	æbsəlu:t	앱썰루트

단어	뜻	발음기호	한글발음
burglary	강도질	bə:rgləri	버글러리
bud	싹, 봉오리	bʌd	버드
degrade	(가치 등을) 떨어뜨리다, 타락시키다	digreid	디그레이드
laboratory	연구소, 실험실	læbərətɔ:ri	래버러토리
head	머리, (v.) 이끌다, 인솔하다, 향하다	hed	헤드

USA

단어	뜻	발음기호	한글발음
harness	마구, 고삐, 장치	ha:rnis	하니쓰
constitution	구성, 형성, 헌법	kanstətju:ʃən	칸스티튜션
calamity	재난, 불행	kəlæməti	컬래멋티
dunk	담그다	dʌŋk	덩크
cannon	대포, (v.) 대포를 쏘다	kænən	캐넌

Ch_{unk} set 12 ▸▸

단어	뜻	발음기호	한글발음
explode	폭발시키다	iksploud	익스플**로**우드
strategy	전략, 전술	strǽtədʒi	스트**래**터쥐
ranch	대목장, 대농장	rǽntʃ	랜취
forbear	~을 삼가다, 참다, 견디다	fɔːrbɛər	뽀**베**어
engage	약속하다, 약혼시키다, 종사하다	ingeidʒ	인**게**이쥐

Korea   Japan

단어	뜻	발음기호	한글발음
compress	압축하다, 꾹 누르다	kəmpres	컴프**레**쓰
queer	기묘한, 괴상한	kwiər	퀴어
per	~마다, ~당	pər	퍼
anxiety	걱정, 열망	æŋzaiəti	앵**자**이엇티
signify	표시하다, 알리다	signəfai	**씨**그니빠이

단어	뜻	발음기호	한글발음
murder	살인, (v.) 살해하다	məːrdər	머더
diffuse	흩뿌리다, 발산하다, 퍼지다	difjuːz	디퓨즈
blend	혼합물, (v.) 섞다, 혼합하다	blend	블렌드
Vocal	소리의, 구두의	voukəl	보우컬
feminine	여자의, 여성의	femənin	뻬미닌

USA

단어	뜻	발음기호	한글발음
aggress	공격하다, 시비를 걸다	əgres	어그레쓰
positive	긍정적인	pazətiv	파지티브
excel	능가하다, ~보다 낫다	iksel	익쎌
disgrace	불명예, 치욕	disgreis	디스그레이쓰
vulnerable	상처받기 쉬운, 피해를 입기 쉬운	vʌlnərəbl	벌너러블

Chunk set 13 ▸▸

단어	뜻	발음기호	한글발음
adjoin	인접하다, 붙어 있다	ədʒɔin	어드**조**인
arouse	깨우다, 자극하다	ərauz	어**라**우즈
hypocrisy	위선, 위선행위	hipakrəsi	히**파**크러씨
boundary	경계, 범위, 한계	baundəri	**바**운더리
present	현재의, 참석한, (n.) 선물, (v.) 제출하다	preznt / (v.) prizent	프레즌트 / (v.) 프리**젠**트

Korea ✈ Japan

impact	충돌, 충격, 영향	impækt	**임**팩트
fragrant	향기 나는, 향기로운	freigrənt	**쁘**레이그런트
workload	업무량, 표준 작업량	w3:rkloud	**웍**크로우드
arithmetic	산수, 계산	əriθmətik	어**리**쓰머틱
contemplate	심사숙고하다, 고찰하다	kantəmpleit	**칸**템플레잇

단어	뜻	발음기호	한글발음
vegetation	식물, 초목	vedʒəteiʃən	베져**테**이션
committee	위원회	kəmiti	커**미**티
translate	번역하다, 해석하다	trænsleit	트랜쓰**레**잇트
radioactive	방사능, (adj.) 방사성이 있는	reidiouæktiv	래디오**액**티브
represent	대표하다, 나타내다	reprizent	레프리**젠**트

USA

단어	뜻	발음기호	한글발음
selfish	이기적인, 제멋대로의	selfiʃ	**쎌**삐쉬
lodge	오두막집, (v.) 숙박하다	ladʒ	랏쥐
canyon	깊은 협곡, 골짜기	kænjən	**캐**년
client	의뢰인, 고객	klaiənt	클라이언트
cotton	목화, 솜	katn	**카**튼

Chunk set 14 ▸▸

단어	뜻	발음기호	한글발음
glide	미끄러지다, 활강하다	glaid	글라이드
sip	찔끔찔끔 마시다, 한 모금씩 마시다	sip	씹
publish	발표하다, 공표하다, 발행하다	pʌbliʃ	**퍼블리쉬**
renovation	혁신, 개혁, 수리	renəveiʃən	레너**베**이션
hardship	고난, 곤란	ha:rdʃip	**하드쉽**

Korea   Japan

rot	썩다, 부패하다	rat	랏
few	거의 없는 (가산 명사에 쓰임)	fju:	쀼
accept	받아들이다, 수락하다	æksept	액**쎕**트
drag	끌다, (v.) 끌고 가다	dræg	드래그
sheer	순수한, 순전한, 완전한	ʃiər	쉬어

단어	뜻	발음기호	한글발음
merchant	상인	məːrʧənt	머천트
authority	권위, 권력, 당국, 정부기관	əθɔːrəti	오쏘럿티
pollution	오염	pəluːʃən	펄루션
analogy	비유, 유추	ənælədʒi	어낼러지
effective	효과적인, 효력 있는	ifektiv	이뻭티브

USA

단어	뜻	발음기호	한글발음
material	물질, 재료, (adj.) 물질적인	mətiəriəl	머티어리얼
become	~이 되다, 어울리다(become-became-become)	bikʌm	비컴
fragile	부서지기 쉬운, 연약한	frædʒəl	쁘래좌일
lessen	줄이다, 줄다	lesn	레쓴
impulse	추진(력), 충격, 충동, 자극	impʌls	임펄쓰

Chunk set 15 ▸▸

단어	뜻	발음기호	한글발음
finale	끝, 대단원, 피날레	finæli	삐**낼**리
retail	소매, (v.) 소매하다	ri:teil	**리**테일
run	달리다, 경영하다(run-ran-run)	rʌn	런
insolent	건방진, 오만한	insələnt	**인**썰런트
contract	계약, 약정, (v.) 수축시키다	kantrækt	**칸**트랙트

Korea ✈ Japan

단어	뜻	발음기호	한글발음
blush	홍조, (v.) 얼굴을 붉히다, 빨개지다	blʌʃ	블러쉬
unity	통일, 조화	ju:nəti	**유**넛티
outlive	~보다 더 오래 살다	autliv	아웃**리**브
anonymous	익명의	əna:niməs	어**나**니머스
principle	원리, 원칙, 주의	prinsəpl	프**린**써플

단어	뜻	발음기호	한글발음
bead	구슬	biːd	비드
commit	(죄/과오 등을) 범하다	kəmit	커**밋**트
warrant	보증, 증명서, (v.) 보증하다	wɔːrənt	**워**런트
charity	자비, 자선, 자선단체	tʃærəti	**채**러티
crude	천연 그대로의, 조잡한, 거친	kruːd	크루드

USA

단어	뜻	발음기호	한글발음
surround	둘러싸다, 포위하다	səraund	써**라**운드
rate	속도, 비율, 요금, 가격	reit	레잇트
mall	쇼핑센터	mɔːl	몰
dip	담그다	dip	딥
economical	경제적인, 절약하는	ekənamikəl	에커**나**믹컬

Chunk set 16 ▸▸

단어	뜻	발음기호	한글발음
bay	작은 만	bei	베이
inspiration	영감	inspəreiʃən	인쓰퍼레이션
dismay	당황, 놀람, (v.) 당황케 하다, 놀라게 하다	dismei	디스메이
commodity	상품, 일용품, 유용한 물건	kəmadəti	커마덧티
pulse	맥박, 파동, 진동	pʌls	펄쓰

Korea ✈ Japan

selfless	사심 없는, 이기심이 없는	selflis	쎌쁘리쓰
convict	유죄를 입증하다	kənvikt	컨빅트
press	신문, 잡지, 보도, (v.) 누르다, 압박하다	pres	프레쓰
asset	재산, 자산	æset	애쎗
near-sighted	근시의, 근시안적인	niərsaitid	니어 싸이티드

단어	뜻	발음기호	한글발음
bestow	(특히 존경의 뜻으로) 수여하다	bistou	비스**토**우
bounce	(공 등이) 튀다	bauns	바운쓰
starfish	불가사리	staːrfiʃ	스**타삐**쉬
concerned	걱정스러운, 관계된	kənsəːrnd	컨**썬**드
flee	달아나다, 도망치다(flee-fled-fled)	fliː	**쁠**리

USA

단어	뜻	발음기호	한글발음
deficient	부족한, 불충분한	difiʃənt	이**삐**션트
junk	쓰레기, 잡동사니	dʒʌŋk	정크
wary	방심하지 않는, 신중한	wɛəri	**웨**어리
pearl	진주	pəːrl	퍼얼
emigrant	이민, 이주자	emigrənt	에**미**그런트

Chunk set 17 ▸▸

단어	뜻	발음기호	한글발음
sometime	언젠가	sʌmtaim	**썸**타임
intellect	지성, 지능	intəlekt	**인**털렉트
deplore	비탄하다, 개탄하다	diplɔ:r	디플**로**어
livestock	가축	laivsta:k	**라**이브스톡
skid	미끄러짐, (v.) 미끄러지다	skid	스키드

Korea ✈ Japan

단어	뜻	발음기호	한글발음
free	자유로운, ~이 없는, 무료의	fri:	쁘리
fusion	용해, 융합, 통합	fju:ʒən	**뷰**젼
anterior	앞의, 이전의	æntiəriər	앤**티**어리어
telegraph	전보	teligræf	**텔**러그래쁘
coverage	적용 범위, (보험 등의) 보상 범위	kʌvəridʒ	**커**버리쥐

단어	뜻	발음기호	한글발음
souvenir	기념품, 토산품	suːvəniər	쑤버니어
sequence	연속, 순서, 결과, 결론	siːkwəns	씨퀀쓰
embrace	포옹, (v.) 포옹하다, 껴안다	imbreis	임브레이스
meet	만나다, 충족시키다(meet-met-met)	miːt	미트
evacuate	피신시키다, (건물 등을) 비우다	ivækjueit	이배큐에잇

USA

단어	뜻	발음기호	한글발음
voice	목소리, 음성	vɔis	보이쓰
bucket	물통, 양동이	bʌkit	벅킷
dictation	받아쓰기, 명령, 지시	dikteiʃən	딕테이션
ordeal	시련, 고난	ɔːrdiːəl	오디얼
attendance	출석, 참석	ətendəns	어텐던스

Chunk set 18 ▸▸

단어	뜻	발음기호	한글발음
era	시대, 시기	iərə, erə	이러
participate	참여하다, 참석하다	pa:rtisəpeit	파**티**써페잇트
courteous	공손한, 예의 바른	kə:rtiəs	**커**티어쓰
riot	폭동, 소요, (v.) 폭동을 일으키다	raiət	**라**이엇트
scenery	풍경, 경치	si:nəri	**씨**너리

Korea — Japan

단어	뜻	발음기호	한글발음
elastic	탄력 있는, 신축성 있는	ilæstik	일래스틱
cloth	헝겊, 천	klɔ:θ	클로쓰
thieve	훔치다	θi:v	씨이브
critical	비평적인, 비판적인, 위기의, 중대한	kritikəl	크리티컬
realm	왕국, 범위, 영역	relm	렐름

단어	뜻	발음기호	한글발음
jag	들쭉날쭉하게 만들다	dʒæg	재그
vomit	토하다, 구토하다	vamit	바밋트
liberal	자유로운, 자유주의의	libərəl	리버럴
praise	칭찬, (v.) 칭찬하다	preiz	프레이즈
sniff	코를 킁킁거리다, 냄새를 맡다	snif	스니쁘

USA

단어	뜻	발음기호	한글발음
orbit	궤도	ɔːrbit	오빗트
dispute	토론, 논쟁, (v.) 논쟁하다, 논의하다	dispjuːt	디쓰퓨트
charge	책임, 비난, (v.) (의무/세금 등을) 지우다	ʧaːrdʒ	촤쥐
prefix	접두사	priːfiks	프리삑쓰
appear	나타나다, ~처럼 보이다	əpir	어피어

Chunk set 19 ▸▸

단어	뜻	발음기호	한글발음
official	공적인, 공식적인, (n.) 공무원, 관리	əfiʃəl	어삐셜
prose	산문, 산문체	prouz	프로우즈
synonym	동의어	sinənim	씨너님
absorb	흡수하다, 받아들이다	əbsɔ:rb	어브쏘브
proclaim	선언하다, 선포하다	proukleim	프로우클레임

Korea　　　　**Japan**

단어	뜻	발음기호	한글발음
ultimate	궁극적인, 최후의	ʌltəmət	얼티멋
shy	수줍어하는	ʃai	샤이
texture	직물, 천, (피부/목재/옷 등의) 결	teksʧər	텍스쳐
form	형태, 모양, 서식, 기입용지, (v.) 형성하다	fɔ:rm	뽀옴
parliament	의회, 국회	pa:rləmənt	팔러먼트

단어	뜻	발음기호	한글발음
subordinate	부하, (adj.) 하위의, 종속적인	səbɔːrdənət	써**보디넛**
calculate	계산하다	kælkjuleit	**캘큘**레잇트
eyebrow	눈썹	aibrau	**아**이브라우
advice	충고, 조언	ədvais	어드**바이**쓰
wellbeing	행복, 안녕, 복지		웰빙

USA

단어	뜻	발음기호	한글발음
marble	대리석, 대리석 조각물	ma:rbl	마블
skeleton	해골, 뼈대	skelətn	스켈리튼
interrupt	방해하다, 끊다, 중단하다	intərʌpt	인터럽트
demand	요구, (v.) 요구하다	dimænd	디맨드
assure	장담하다	əʃur	어쉬

Chunk set 20 ▸▸

단어	뜻	발음기호	한글발음
patch	헝겊조각, 판지조각	pæʧ	패취
evidence	증거	evədəns	에비던스
buddy	친구, 동료, 여보게	bʌdi	버디
float	(물위나 공중에) 띄우다, 뜨다	flout	쁠로웃트
soar	높이 치솟다, 날아오르다	sɔːr	쏘어

단어	뜻	발음기호	한글발음
antibiotic	항생의, (n.) 항생물질	æntibaiatik	앤티바이아틱
routine	일상의, (n.) 틀에 박힌 일, 일과	ruːtiːn	루틴
broom	빗자루	bruːm	브룸
supplement	보충, (v.) 보충하다	sʌpləmənt	써플러먼트
constant	불변의, 끊임없는	kanstənt	칸스턴트

단어	뜻	발음기호	한글발음
downward	아래로, 아래쪽으로	daunwərd	다운워드
pierce	꿰뚫다, 관통하다	piərs	피어쓰
overcome	극복하다, 이기다	ouvərkʌm	오우버컴
conduct	행위, 지도, (v.) 행동하다, 지도하다	kandʌkt / (v.) kəndʌkt	칸덕트 / (v.) 컨덕트
clothes	옷, 의복	klouz	클로우즈

USA

단어	뜻	발음기호	한글발음
stink	악취, (v.) 악취를 풍기다	stiŋk	스팅크
disorder	무질서, 혼란	disɔ:rdər	디스오더
postscript	추신 (p.s.)	poustskript	포우스트스크립트
interpret	해석하다, 통역하다	intə:rprit	인터프릿
deprive	빼앗다, 박탈하다	dipraiv	디프라이브

단어	뜻	발음기호	한글발음
dusty	먼지투성이의, 먼지가 많은	dʌsti	더스티
ballot	무기명 투표, 투표용지	bælət	밸럿
outlandish	이국적인, 기이한	autlændiʃ	아웃**랜**디쉬
insane	제정신이 아닌, 미친	insein	인**쎄**인
capricious	변덕스러운	kəpriʃəs	커프**리**셔쓰

Korea   Japan

단어	뜻	발음기호	한글발음
loosen	풀다, 늦추다, 느슨해지다	lu:sn	루슨
consonant	자음, (adj.) 자음의, ~와 일치하는	kansənənt	**칸**써넌트
correspond	일치하다, 부합하다, 서신 왕래하다	kɔ:rəspand	코러쓰**판**드
raw	날것의, 가공하지 않은	rɔ:	로
preface	머리말, 서문	prefis	프레**삐**쓰

단어	뜻	발음기호	한글발음
squeeze	쥐어짜내다, 꽉 쥐다	skwi:z	스퀴즈
eco-friendly	환경 친화적인		에코우쁘렌들리
inevitable	피할 수 없는, 면하기 어려운	inevətəbl	인에비터블
comply	따르다, 순응하다	kəmplai	컴플라이
calm	고요한, 조용한, (v.) 진정시키다	ka:m	캄

USA

단어	뜻	발음기호	한글발음
oyster	굴(석화)	ɔistər	오이스터
reverse	역, 반대, (adj.) 거꾸로의	rivə:rs	리버쓰
vapor	증기	veipər	베이퍼
solid	고체, (adj.) 고체의, 단단한	salid	쏠리드
botany	식물학, 식물생태	batəni	바터니

Chunk set 22 ▸▸

단어	뜻	발음기호	한글발음
respond	대답, 응답, (v.) 반응하다	rispand	리스**판**드
widow	미망인, 과부	widou	**위**도우
folk	사람들, 가족, (adj.) 대중의	fouk	뽀우크
aboard	배로, 승선하여, (배/비행기 등을) 타고	əbɔ:rd	어**보**드
desire	욕구, 욕망, (v.) 바라다, 열망하다	dizaiər	디**자**이어

Korea   Japan

단어	뜻	발음기호	한글발음
margin	가장자리, 가, 판매 수익, 이문	ma:rdʒin	**마**쥔
subscriber	기부자, 신청자, 가입자	səbskraibər	써브쓰크**라**이버
plot	음모, 책략	plat	플랏
save	구하다, 저축하다	seiv	쎄이브
dough	밀가루 반죽	dou	도우

단어	뜻	발음기호	한글발음
state	국가, 나라, 주, 상태, 상황, (v.) 진술하다, 말하다	steit	스테잇트
swallow	꿀꺽 삼키다, (n.) 삼킴, 마심, 제비	swalou	스왈로우
admiral	해군 대장, 제독	ædmərəl	애드머럴
echo	메아리, (v.) 울리다	ekou	에코우
nutrition	영양, 영양물	njuːtriʃən	뉴트리션

USA

단어	뜻	발음기호	한글발음
insult	모욕, (v.) 모욕하다	insʌlt	인썰트
outgrow	(옷 등이) 몸이 커져서 못 입게 되다	autgrou	아웃그로우
compartment	칸, 구획, 칸막이한 객실	kəmpaːrtmənt	컴파트먼트
boast	자랑하다	boust	보우스트
complicate	복잡하게 하다	kampləkeit	캄플리케잇트

Ch_{unk} set 23 ▸▸

단어	뜻	발음기호	한글발음
instantaneous	순간적인, 즉석의	instənteiniəs	인쓰턴**테**이니어쓰
bless	축복하다, (n.) 축복	bles	블레스
facility	편의, 편리, 편의시설	fəsiləti	뻐**씰**럿티
tide	조수, 조류	taid	타이드
rub	비비다, 문지르다, 마찰하다	rʌb	럽

Korea   Japan

단어	뜻	발음기호	한글발음
throng	군중, 떼	θrɔːŋ	쓰롱
muscle	근육	mʌsl	멋슬
injure	상처를 입히다, 해를 주다	indʒər	인져
cell	세포, 작은 방, 감방	sel	쎌
assertion	주장, 단언	əsəːrʃən	어**써**션

단어	뜻	발음기호	한글발음
struggle	싸움, 투쟁, 노력, (v.) 몸부림치다, 분투하다	strʌgl	스트러글
explicit	명백한, 숨김없는, 솔직한	iksplisit	익쓰플리씻
exigency	긴급사태, 위급함	eksədʒənsi	엑씨젼씨
stitch	한 바늘, 한 땀	stiʧ	스티취
trim	(머리, 잔디 등을) 다듬다, 정돈하다	trim	트림

USA

단어	뜻	발음기호	한글발음
suicide	자살, (v.) 자살하다	sjuːəsaid	쑤어싸이드
dawn	새벽, 동녘, (v.) 날이 새다	dɔːn	돈
timely	적시의, 시기에 알맞은	taimli	타임리
sparrow	참새	spærou	스패로우
peninsula	반도	pəninsjulə	퍼닌셜러

Chunk set 24 ▸▸

단어	뜻	발음기호	한글발음
process	진행, 과정, 경과	prases	프라쎄쓰
navigation	항해, 항공	nævəgeiʃən	네비**게**이션
result in	~로 귀착하다, 끝나다		리젤트 인
inquire	묻다, 질문하다	inkwaiər	인**콰**이어
stuff	물건, 재료, 사물, (v.) ~에 채우다	stʌf	스터쁘

Korea   Japan

단어	뜻	발음기호	한글발음
groundless	근거 없는, 사실 무근의	graundlis	그**라**운드러쓰
propel	추진하다, 나아가게 하다	prəpel	프러펠
bald	대머리의, 털이 없는	bɔ:ld	볼드
theme	주제, 제목, 테마	θi:m	씨임
obey	복종하다, 순종하다	oubei	오베이

단어	뜻	발음기호	한글발음
ease	편안한, (n.) 안락, 쉬움, (v.) 완화하다	i:z	이즈
site	위치, 장소	sait	싸이트
fair	공평한, 공정한, (n.) 전시회, 박람회	fɛər	뻬어
virtually	실제로, 사실상	vəːrʧuəli	버츄얼리
greet	인사하다, 환영하다	gri:t	그리트

USA

via	~을 경유하여, ~을 거쳐	vaiə, vi:ə	바이어
showcase	진열장, (v.) 진열하다	ʃoukeis	쇼우케이쓰
anticipate	기대하다, 예상하다	æntisəpeit	앤티써페잇
credulous	쉽게 믿는, 잘 속는	kredʒuləs	크레쥴러쓰
irrelevant	부절적한, 관계없는	ireləvənt	일레러번트

Chunk set 25 ▸▸

단어	뜻	발음기호	한글발음
sum	총계, 합계	sʌm	썸
revise	개정하다, 수정하다, 바꾸다	rivaiz	리바이즈
beneficent	도움을 주는, 친절한	binefisnt	비네삐쓴트
exertion	노력, 분발	igzə:rʃən	이그져션
breed	(새끼를) 낳다, 기르다	bri:d	브리드

Korea   Japan

단어	뜻	발음기호	한글발음
hemisphere	반구(체)	hemisfiər	헤미스삐어
conceive	상상하다, 마음에 품다, 생각하다	kənsi:v	컨씨브
bar	막대기, 술집, 법정, (v.) 방해하다, 막다	ba:r	바
semicircle	반원, 반원형	semisə:rkl	쎄미써클
commence	개시하다, 시작하다	kəmens	커멘쓰

단어	뜻	발음기호	한글발음
confess	자백하다, 고백하다	kənfes	컨**뻬**쓰
column	(신문 등의) 난, 칼럼	kaləm	**칼**럼
straightforward	똑바른, 정직한, 간단한	streitfɔ:rwərd	스트레이트**뽀**워드
emerge	나오다, 출현하다	imə:rdʒ	이**머**쥐
forbid	금하다, 금지하다(forbid-forbade-forbidden)	fərbid	뽀**비**드

USA

단어	뜻	발음기호	한글발음
combination	결합, 조합	kambəneiʃən	캄비**네**이션
disposal	처분, 처리	dispouzəl	디스**포**우졀
gloomy	우울한, 음울한	glu:mi	글**루**미
coal	석탄	koul	**코**울
log	통나무	lɔ(:)g	**로**그

Chunk set 26 ▸▸

단어	뜻	발음기호	한글발음
upward	위로, 위쪽으로	ʌpwərd	**업워드**
swift	신속한, 눈 깜짝할 사이의	swift	스위쁘트
tolerate	참다, 견디다, 용납하다	taləreit	**톨러레잇트**
superstition	미신	su:pərstiʃən	쑤퍼스티션
tuition	수업, 수업료	tju:iʃən	**튜이션**

Korea   Japan

단어	뜻	발음기호	한글발음
ripe	익은, 성숙한	raip	라이프
Vocation	천직, 직업	voukeiʃən	**보우케이션**
epidemic	유행성의, 전염성의	epədemik	에피**데**믹
brand	상표, 브랜드	brænd	브랜드
stir	휘젓다, 자극하다, 동요하다	stə:r	스터

단어	뜻	발음기호	한글발음
congestion	교통정체, 혼잡	kəndʒesʧən	**컨제스쳔**
vowel	모음, (adj.) 모음의	vauəl	**바우얼**
abundant	풍부한, 많은, 부유한	əbʌndənt	**어번던트**
wicked	사악한, 나쁜, 심술궂은	wikid	**윅키드**
herd	가축의 떼, 무리	hə:rd	**허드**

USA

단어	뜻	발음기호	한글발음
grain	곡물, 낟알	grein	**그레인**
naked	나체의, 벌거벗은	neikid	**네이키드**
tragic	비극적인, 비참한	trædʒik	**트래쥑**
compensation	배상, 보상	kampənseiʃən	**컴펜쎄이션**
gifted	타고난 재능 있는, 타고난	giftid	**기쁘티드**

Chunk set 27 ▸▸

단어	뜻	발음기호	한글발음
illegal	불법적인	iliːgəl	일리글
overlook	내려다보다, 못 보고 지나치다, 대충 보다	ouvərluk	오우버**룩**
portion	일부, 부분, 분배, 몫	pɔːrʃən	**포션**
anguish	(극심한) 괴로움	æŋgwiʃ	**앵귀쉬**
extreme	극도의, 최고의	ikstriːm	익스트**림**

Korea   Japan

단어	뜻	발음기호	한글발음
forward	앞으로, 전방으로	fɔːrwərd	**뽀**워드
head-on	정면의, 정면 충돌의		헤드온
generous	관대한, 너그러운	dʒenərəs	**제**너러쓰
ensure	보증하다, 확실하게 하다	inʃuər	인**슈**어
pill	알약	pil	필

단어	뜻	발음기호	한글발음
hawk	매	hɔ:k	혹크
bang	(쾅/쿵/탕 등의) 소리, (v.) 세게 치다	bæŋ	뱅
play	희곡, 연극, (v.) 경기를 하다	plei	플레이
clinic	병원, 진료소	klinik	클리닉
resolute	굳게 결심한, 단호한	rezəlu:t	레졀루트

USA

slender	호리호리한, 가느다란	slendər	슬렌더
cabin	오두막집, 선실, 승무원실	kæbin	캐빈
terrible	무시무시한, 대단한, 엄청난	terəbl	테러블
reed	갈대, 갈대밭	ri:d	리드
concentration	집중, 집결	kansəntreiʃən	칸썬트레이션

Chunk set 28 ▸▸

단어	뜻	발음기호	한글발음
expensive	값이 비싼	ikspensiv	익스펜씨브
mourn	슬퍼하다, 애도하다	mɔːrn	모온
kidnap	유괴하다, 납치하다	kidnæp	키드냅
tap	두드리다, (n.) 두드리는 소리, 수도꼭지	tæp	탭
vegetarian	채식주의자, (adj.) 채식주의의	vedʒətɛəriən	베져**테**어리언

Korea　　　Japan

단어	뜻	발음기호	한글발음
swarm	(벌, 개미 등의) 무리, 우글거리는 떼	swɔːrm	스웜
merge	합병하다, 병합하다	məːrdʒ	머쥐
linear	직선의, 선형의	liniər	리니어
launch	(로켓을) 쏘아 올리다, (배를) 띄우다, (사업 등을) 착수하다	lɔːntʃ	론취
succeed	성공하다, 뒤를 잇다, 계승하다	səksiːd	썩씨드

단어	뜻	발음기호	한글발음
donation	기부, 기증	douneiʃən	도우네이션
ritual	(종교) 의식의, (n.) 의식	riʧuəl	리츄얼
export	수출, (v.) 수출하다	ekspɔːrt / (v.) ikspɔːrt	엑쓰포트 / (v.) 익쓰포트
rigid	엄격한, 완고한, 단단한	ridʒid	리쥐드
algebra	대수, 대수학	ældʒəbrə	앨져브러

USA

confront	직면하다, 맞서다	kənfrʌnt	컨쁘런트
saw	톱, (v.) 톱질하다	sɔː	쏘
guarantee	보증, 보증인, (v.) 보증하다	gærənti:	개런티
ambiguous	모호한, 분명하지 않은, 애매한	æmbigjuəs	앰비규어쓰
stream	시내, 개울, 흐름	stri:m	스트림

단어	뜻	발음기호	한글발음
guilty	유죄의, 양심의 가책을 느끼는	gilti	길티
abort	낙태하다, 유산하다, 중단하다	əbɔ:rt	어보트
presume	추정하다, 가정하다	prizu:m	프리즘
cheap	값이 싼	ʧi:p	취입
punish	처벌하다, 벌하다	pʌniʃ	퍼니쉬

Korea　　　　　Japan

단어	뜻	발음기호	한글발음
nasty	불결한, 더러운, 추잡한	næsti	내스티
punctual	시간을 엄수하는, 늦지 않는	pʌŋkʧuəl	펑츄얼
withdraw	물러나다	wiðdrɔ:	위드로
stroll	한가로이 거닐다	stroul	스트로울
appropriate	적당한, 적절한	əproupriət	어프로우프리얼

단어	뜻	발음기호	한글발음
timid	겁 많은, 소심한	timid	티미드
compose	구성하다, 조직하다, 작곡하다	kəmpouz	컴포우즈
clay	점토, 찰흙	klei	클레이
weed	잡초, (v.) 잡초를 뽑다	wi:d	위드
infancy	유년, 초기	infənsi	인뻐씨

USA

단어	뜻	발음기호	한글발음
profound	심오한, 깊은	prəfaund	프러빠운드
lettuce	양상추	letis	레티쓰
plenty	많음, (adj.) 풍부한, 많은	plenti	플렌티
scant	부족한, 빈약한	skænt	스캔트
rise	일어서다, 일어나다(rise-rose-risen)	raiz	라이즈

Chunk set 30 ▸▸

단어	뜻	발음기호	한글발음
sentiment	감정, 정서	sentəmənt	쎈티먼트
stern	엄격한, 단호한	stə:rn	스턴
worthwhile	가치 있는, 보람 있는	w3:rθwail	워쓰화일
reaction	반작용, 반응, 반항	riækʃən	리액션
substitution	대리, 대리인	sʌbstətju:ʃən	써브스티튜션

Korea   Japan

단어	뜻	발음기호	한글발음
rejoice	기뻐하다, 기쁘게 하다	ridʒɔis	리죠이쓰
rear	뒤의, 후방의, (v.) 기르다, 사육하다	riər	리어
firm	굳은, 단단한, 확실한, (v.) 회사	fə:rm	뻠
transplant	이식, 이주, (v.) 이식하다, 이주하다	trænzplænt	트랜쓰플랜트 / (v.) 트랜쓰플랜트
bosom	가슴, 유방	buzəm	부점

단어	뜻	발음기호	한글발음
interior	내부의, 안쪽의	intiəriər	인**티**어리어
lean	기대다, 기울이다	li:n	리인
rag	넝마, 누더기	ræg	래그
dynasty	왕조, 왕가	dainəsti	**다**이너스티
wrinkle	주름	riŋkl	링클

USA

단어	뜻	발음기호	한글발음
defiance	반항	difaiəns	디**빠**이언스
advance	전진, (v.) 전진하다, 증진시키다	ædvæns	어드**밴**스
reprove	꾸짖다, 책망하다, 비난하다, 나무라다	ripru:v	리프루브
election	선거, 선택	ilekʃən	일렉션
pharmacy	약국	fa:rməsi	**빠**머씨

TOUCH VOCA

Chunk set 31 ▶▶

단어	뜻	발음기호	한글발음
meadow	목초지, 초원	medou	메도우
addict	중독자, (v.) (나쁜 버릇에) 빠지게 하다, 중독시키다	ædikt / (v.) ədikt	애딕트 / (v.) 어딕트
weigh	무게가 나가다, 무게를 재다	wei	웨이
forefather	선조, 조상	fɔːrfaːðə	뽀빠더
trivial	시시한, 하찮은	triviəl	트리비얼

Korea ✈ the Pacific

단어	뜻	발음기호	한글발음
rubber	천연고무, 생고무	rʌbər	러버
plight	곤경, 궁지	plait	플라잇트
submit	복종시키다, 따르게 하다, 항복하다, 제출하다	səbmit	써브밋트
snail	달팽이	sneil	스네일
board	판, 판자, 게시판, 위원회, (v.) (차/비행기 등을) 타다	bɔːrd	보드

단어	뜻	발음기호	한글발음
preview	미리 보기, 시사, 예고	pri:vju:	프리뷰유
lofty	매우 높은, 숭고한	lɔ:fti	로쁘티
complex	복잡한, 복합체	kəmpleks	컴플렉쓰
oblige	어쩔 수 없이 ~하게 되다, 의무를 지우다	əblaidʒ	어블라이쥐
period	기간, 시대, 주기	pi:əriəd	피어리어드

USA

단어	뜻	발음기호	한글발음
prosecute	기소하다, 고소하다	prasikju:t	프라씨큐트
undergraduate	대학 재학생	ʌndərgrædʒuət	언더그래쥬얼
stimulus	자극, 격려	stimjuləs	스티멸러쓰
adversity	역경, 불운	ædvə:rsəti	애드버써티
antagonize	적대감을 불러일으키다	æntægənaiz	앤태거나이즈

Chunk set 32 ▸▸

단어	뜻	발음기호	한글발음
fee	요금, 수수료	fi:	삐
dare	감히 ~하다	dɛər	데어
collapse	붕괴, 와해, (v.) 무너지다, 붕괴하다, 붕괴시키다	kəlæps	컬랩쓰
gain	얻다	geim	게인
evaluate	평가하다, 어림하다	ivæljueit	이**밸류**에잇트

Korea ✈ the Pacific

단어	뜻	발음기호	한글발음
portray	그리다, 초상을 그리다	pɔ:rtrei	포트레이
exploit	개척하다, 개발하다, 이용하다	iksplɔit	익쓰플**로**잇
name-brand	유명 상표의		네임브랜드
tact	재치, 요령	tækt	택트
fascinate	매혹하다, 넋을 잃다	fæsəneit	**빼**씨네잇트

단어	뜻	발음기호	한글발음
outcast	내쫓긴, 버림받은, (n.) 내쫓긴 사람	autkæst	아웃캐쓰트
customs	관세, 세관	kʌstəmz	커스텀즈
figure	숫자, 인물, 그림, 모양, (v.) 계산하다	figjər	삐겨
active	활동적인, 적극적인	æktiv	액티브
adopt	채택하다, 채용하다, 받아들이다	ədapt	어댑트

USA

단어	뜻	발음기호	한글발음
artificial	인조의, 인공의, 가짜의	a:rtəfiʃəl	아터삐셜
warehouse	창고, 도매점	werhaus	웨어하우쓰
exceed	(범위/한도 등을) 넘어서다, 초과하다	iksi:d	익씨드
porter	짐꾼, 운반기	pɔ:rtər	포터
risk	위험, (v.) 위태롭게 하다	risk	리스크

Chunk set 33 ▸▸

단어	뜻	발음기호	한글발음
anecdote	일화	ænikdout	애닉도웃트
alien	외국의, (n.) 외국인, 우주인	eiljən, -liən	에일리언
thermometer	온도계	θərmamətər	써**마**미터
near	가까운, (adv.) 가까이에	niər	니어
catastrophe	재난, 재앙, 파국	kətæstrəfi	커**태**쓰트러삐

Korea ———————————————————————— the Pacific

단어	뜻	발음기호	한글발음
torrent	급류, 소나기, 억수	tɔ:rənt	**토**런트
fuss	소란, 야단법석	fʌs	뻐쓰
blacksmith	대장장이, 제철공	blæksmiθ	블랙스미쓰
slave	노예	sleiv	슬레이브
compare	비유하다, 비교하다	kəmpɛər	컴**페**어

단어	뜻	발음기호	한글발음
ready	준비가 된	redi	레디
rhyme	운, 운율	raim	라임
sturdy	억센, 튼튼한	stə:rdi	스터디
account	계산, 계산서, 계좌, 설명, (v.) 설명하다	əkaunt	어카운트
reindeer	순록	reindiər	레인디어

USA

단어	뜻	발음기호	한글발음
Mediterranean	지중해, (adj.) 지중해의	medətəreiniən	메더터레이니언
merit	장점	merit	메릿트
monitor	모니터, (v.) 감시하다	manətər	마니터
snap	찰칵 소리 내다, 덥석 물다	snæp	스냅
rust	녹, (v.) 부식시키다, 녹슬게 하다	rʌst	러스트

Chunk set 34 ▸▸

단어	뜻	발음기호	한글발음
select	고르다, 선택하다, 선발하다	silekt	씰렉트
proportion	비율, 비례	prəpɔ:rʃən	프러**포**션
cemetery	공동묘지	seməteri	**쎄**머테리
fraud	사기, 사기꾼	frɔ:d	쁘로드
construct	건설하다, 세우다	kənstrʌkt	컨스트럭트

Korea —————————————————— **the Pacific**

단어	뜻	발음기호	한글발음
instruct	가르치다, 지시하다	instrʌkt	인스트럭트
diaper	기저귀	daiəpər	**다**이어퍼
minimum	최소한도	minəməm	**미**니멈
judge	판사, (v.) 재판하다, 판결하다	dʒʌdʒ	져쥐
thereafter	그후, 그 이래	ðɛəræftər	데어**애**쁘터

단어	뜻	발음기호	한글발음
clue	실마리, 단서	klu:	클루
carbon	탄소	ka:rbən	카본
forearm	팔뚝	fɔ:ra:rm	뽀암
preside	사회하다, 주재하다	prizaid	프리**자**이드
midwife	산파, 조산사	midwaif	**미드**와이쁘

USA

단어	뜻	발음기호	한글발음
kindle	불붙이다, 자극하다, 부추기다	kindl	**킨**들
crash	충돌하다, 부수다	kræʃ	크래쉬
nevertheless	그럼에도 불구하고	nevərðəles	네버덜**레**쓰
comprehend	이해하다, 포함하다	kamprihend	**캄**프리헨드
force	힘, 무력, (v.) 강제로 ~하게 하다	fɔ:rs	뽀스

Chunk set 35 ▸▸

단어	뜻	발음기호	한글발음
individual	개인의, 개개의, (n.) 개인	indəvidʒuəl	인디**비쥬**얼
magnitude	크기, 규모, 거대함	mægnətju:d	**매그니튜드**
dreadful	무서운, 두려운, 무시무시한	dredfəl	드레드**뿔**
avenue	거리, 도로	ævənju:	**애버뉴**
offense	공격, 위반, 반칙	əfens	어**뻰**쓰

Korea ──────────────────────────────── ✈ **the Pacific**

단어	뜻	발음기호	한글발음
reckless	앞뒤를 가리지 않는, 무모한	reklis	**렉**클리쓰
beware	경계하다, 조심하다	biwɛər	비**웨**어
occupation	직업, 업무, 점유, 점령	akjupeiʃən	아큐**페**이션
torment	고통, 고뇌, (v.) 괴롭히다	tɔ:rment	**토**멘트 / (v.) 토**멘**트
owe	~을 ~에게 빚지고 있다, 은혜를 입고 있다	ou	오우

단어	뜻	발음기호	한글발음
shrub	관목, 키 작은 나무	ʃrʌb	쉬럽
hospitality	환대, 후한 대접	haspətæləti	하쓰피탤러티
thread	실, (v.) 실에 꿰다	θred	쓰레드
butcher	정육점 주인	butʃər	부쳐
perspective	시각, 시야, 전망, 원근법	pərspektiv	퍼스펙티브

USA

diagnose	진단하다	daiəgnouz	다이어그노우즈
harm	해, 손해, 손상	ha:rm	함
eloquent	웅변의, 달변의	eləkwənt	엘러퀀트
bargain	싼 물건, 거래, (v.) 흥정하다	ba:rgən	바긴
sewage	하수, 오물, 오수	su:idʒ	쑤이쥐

단어	뜻	발음기호	한글발음
stiff	뻣뻣한, 굳은	stif	스티쁘
equilibrate	균형 잡다, 평형이 되다	ikwiləbreit	이퀼러브레잇트
fell	넘어뜨리다, 쓰러뜨리다	fel	뻴
innate	타고난, 선천적인	ineit	인네이트
wax	초, 밀랍, 왁스, (v.) 커지다, 증대하다	wæks	왝쓰

Korea ———————————————————— **the Pacific**

단어	뜻	발음기호	한글발음
acute	극심한, (질병이) 급성의	əkju:t	어큐울
deaf	귀머거리의	def	데쁘
prime	전성기, 초기, (adj.) 제1의, 근본의, 주요한	praim	프라임
almost	거의, 대체로	ɔ:lmoust	올모우스트
sole	유일한, 오직 하나의	soul	쏘울

단어	뜻	발음기호	한글발음
meantime	그동안, 그 사이에	mi:ntaim	**미**인타임
soul	정신, 영혼	soul	쏘울
adverse	부정적인, 불리한	ædvɜːrs	**애**드버스
property	재산, 자산	prapərti	**프라**퍼티
assist	돕다, 원조하다	əsist	어**씨**스트

USA

단어	뜻	발음기호	한글발음
current	현재의, 유행하는, (n.) 경향, 흐름, 해류	kə:rənt	**커**런트
absently	멍하니, 넋을 잃고	æbsəntli	**앱**썬틀리
triumph	승리, 대성공	traiəmf	**트라**이엄쁘
regulation	규율, 규칙	regjuleiʃən	레귤**레**이션
reduce	줄이다, 감소시키다	ridju:s	리**듀**쓰

Chunk set 37 ▶▶

단어	뜻	발음기호	한글발음
victim	희생, 희생자	viktim	빅팀
fruitless	결실 없는, 무익한, 헛된	fru:tlis	쁘루트리쓰
descend	내려가다, 감소하다, 하강하다	disend	디쎈드
status	지위, 상태	steitəs	스테이터쓰
accuracy	정확성, 정확도	ækjurəsi	애큐러씨

Korea ──────────────────────────────✈ the Pacific

단어	뜻	발음기호	한글발음
fallacy	오류, 잘못	fæləsi	뺄러씨
overall	전체적인, 전체적으로	ouvərɔ:l	오우버올
leave	휴가, (v.) 떠나다, 남겨두다(leave-left-left)	li:v	리이브
lurk	숨다, 잠복하다	lə:rk	럭크
barley	보리	ba:rli	발리

단어	뜻	발음기호	한글발음
negotiate	협상하다, 교섭하다	nigouʃieit	니고우쉬에잇
block	덩어리, 블록, 장애물, (v.) 막다	blak	블락
clarity	명료, 명확, (adj.) 맑은	klærəti	클래럿티
exactly	정확하게	igzæktli	이그잭틀리
controversy	논쟁, 논의	kantrəvə:rsi	칸트러버씨

USA

단어	뜻	발음기호	한글발음
race	경주, 인종, 민족	reis	레이쓰
innumerable	무수한, 헤아릴 수 없는	inju:mərəbl	인뉴머러블
allocate	할당하다	æləkeit	앨러케잇트
obstacle	방해, 장애(물)	abstəkl	압스터클
blossom	꽃, (v.) 꽃을 피우다	blasəm	블라썸

Chunk set 38 ▸▸

단어	뜻	발음기호	한글발음
compromise	타협, 양보, 화해, (v.) 타협하다	kamprəmaiz	캄프러마이즈
betray	배반하다, 누설하다, 드러내다	bitrei	비트레이
miser	구두쇠	maizər	마이져
elaborate	공들인, 정교한	ilæbərət	일래버레잇트
assimilate	완전히 이해하다, 동화되다	əsiməleit	어씨머레잇

Korea   the Pacific

단어	뜻	발음기호	한글발음
Confucius	공자	kənfju:ʃəs	컨뷰셔쓰
surplus	나머지, 잔여, (adj.) 나머지의, 과잉의	sə:rplʌs	써플러스
kindergarten	유치원	kindərga:rtn	킨더가르튼
tendency	경향, 추세, 성향	tendənsi	텐던씨
mission	임무, 사명, 특명	miʃən	미션

단어	뜻	발음기호	한글발음
mistrust	불신, (v.) 의심하다, 불신하다	mistrʌst	미스트러스트
append	첨가하다, 첨부하다	əpend	어펜드
devote	헌신하다, (노력/시간 등을) 바치다	divout	디보웃트
reply	응답, 대답, (v.) 대답하다, 답신하다	riplai	리플라이
glow	작열하다, 상기되다	glou	글로우

USA

단어	뜻	발음기호	한글발음
reluctant	싫어하는, 마음이 내키지 않은	rilʌktənt	릴럭턴트
wane	(달 등이) 이울다, 작아지다, 약해지다	wein	웨인
interaction	상호작용	intərækʃən	인터액션
durable	오래 견디는, 내구력이 있는	djuərəbl	듀어러블
principal	우두머리, 교장, (adj.) 주요한, 제일의	prinsəpəl	프린써펄

단어	뜻	발음기호	한글발음
crosswalk	횡단보도	krɔ:swɔ:k	크로쓰옥크
vex	괴롭히다, 성가시게 굴다	veks	벡쓰
micro	아주 작은 것, (adj.) 극소의	maikrou	**마**이크로우
similar	같은, 유사한	simələr	**씨**멀러
wail	통곡, (v.) 울부짖다	weil	웨일

Korea   the Pacific

단어	뜻	발음기호	한글발음
obstruct	방해하다, 가로막다	əbstrʌkt	어브스트럭트
ultraviolet	자외선(의)	ʌltrəvaiələt	얼트러**바**이얼릿
pat	톡톡 두드리다, 가볍게 치다	pæt	팻
independence	독립, 자주	indipendəns	인디**펜**던스
mechanic	기계공, 정비사	məkænik	머캐닉

단어	뜻	발음기호	한글발음
vital	생명의, 생기 넘치는, 지극히 중요한	vaitl	**바**이틀
feast	축제, 향연	fiːst	**삐**스트
manufacture	제조, 제조공업	mænjufækʧər	매뉴**빽**쳐
endow	기부하다, 증여하다, 부여하다	indau	인**다**우
juvenile	소년, 소녀, 청소년(의)	dʒuːvənl	**쥬**버나일

USA

abound	풍부하다	əbaund	어**바**운드
swan	백조	swan	스**완**
abnormal	비정상의, 이상한	æbnɔːrməl	애브**노**멀
unanimous	합의의, 만장일치의	juːnænəməs	유**내**너머쓰
notable	주목할 만한, 두드러진	noutəbl	**노**우터블

Ch_{unk} set 40 ▸▸

단어	뜻	발음기호	한글발음
statue	상, 조각상	stæʧu:	스태츄
stride	성큼성큼 걷다, 활보하다	straid	스트라이드
yearn	동경하다, 그리워하다, 갈망하다	jə:rn	여언
capture	사로잡다, 포획하다	kæpʧər	캡쳐
semester	한 학기	simestər	씨메스터

Korea ──────────────────────── the Pacific

단어	뜻	발음기호	한글발음
achieve	얻다, 성취하다	əʧi:v	어취브
cynic	냉소적인 사람, 비꼬는 사람	sinik	씨닉
ascribe	~의 탓으로 돌리다	əskraib	어스크라이브
mole	사마귀, 검은 점, 두더지	moul	모울
cliff	절벽, 벼랑	klif	클리쁘

단어	뜻	발음기호	한글발음
overtake	~을 따라잡다, 앞지르다	ouvərteik	오우버**테**익크
crave	간청하다, 갈망하다	kreiv	크레이브
slam	쾅 닫다, 털썩 내려놓다	slæm	슬램
inherit	물려받다, 상속하다	inherit	인**헤**릿
needle	바늘	ni:dl	**니**들

USA

단어	뜻	발음기호	한글발음
perfume	향수	pə:rfju:m	퍼**뿜**
stand	일어서다, 서 있다, 참다, 견디다(stand-stood-stood)	stænd	스탠드
bloom	꽃, (v.) 꽃이 피다	blu:m	블룸
majesty	위엄, 장엄, 폐하	mædʒəsti	**매**져스티
aristocrat	귀족	əristəkræt	어**리**스터크랫

Chunk set 41 ▸▸

단어	뜻	발음기호	한글발음
introspective	내성적인, 자기 성찰의	intrəspektiv	인트러스**펙티브**
adapt	적응시키다, 순응시키다	ədæpt	어**댑트**
trepidation	공포, 전율	trepədeiʃən	트레피**데**이션
molecule	분자	maləkju:l	**말리큘**
appliance	가정용, 기구, 전기 기구	əplaiəns	어플**라**이언쓰

Korea   the Pacific

단어	뜻	발음기호	한글발음
lead	납, (v.) 이끌다	led / (v.) li:d	레드 / (v.) 리드
sly	교활한, 음흉한	slai	슬라이
neglect	태만, 무시, (v.) 게을리하다, 무시하다	niglekt	니글렉트
applause	박수 (갈채)	əplɔ:z	어플로즈
weary	피곤한, 싫증이 난, (v.) 지치게 하다	wiəri	**위어리**

단어	뜻	발음기호	한글발음
allot	할당하다, 분배하다	əlat	얼랏
psychology	심리학	saikalədʒi	싸이칼러쥐
adorable	사랑스러운	ədɔ:rəbl	어도러블
ego	자아, 자기, 자존심	i:gou, egou	이고우
view	봄, 경치, 견해	vju:	뷰유

USA

단어	뜻	발음기호	한글발음
high	높은, (adv.) 높게, 높이	hai	하이
sweep	청소하다, 쓸다(sweep-swept-swept)	swi:p	스윕
festive	경축의, 축제의	festiv	뻬쓰티브
persecution	박해, 학대	pə:rsikju:ʃən	퍼씨큐션
lively	생기 있는, 활기찬	laivli	라이블리

Ch_{unk} set 42 ▸▸

단어	뜻	발음기호	한글발음
situation	위치, 상황, 사태	siʧueiʃən	씨츄**에**이션
shave	면도하다(shave-shaved-shaven)	ʃeiv	쉐이브
liable	~하기 쉬운, 책임져야 할	laiəbl	**라**이어블
gallon	갤런(4.546리터)	gælən	**갤**런
attack	공격, (v.) 공격하다	ətæk	어**택**

Korea ⟶ **the Pacific**

단어	뜻	발음기호	한글발음
summit	정상, 꼭대기	sʌmit	써**밋**트
Muslim	이슬람교도	mʌzlim	**머**즐림
eardrum	고막	iərdrʌm	**이**어드럼
string	끈, (v.) 묶다	striŋ	스트링
ponder	숙고하다, 곰곰이 생각하다	pandər	**판**더

단어	뜻	발음기호	한글발음
probe	시험, 조사, (v.) 조사하다	proub	프로우브
subjective	주관적인, 개인적인	səbdʒektiv	써브**젝**티브
cunning	교활한, 간사한	kʌniŋ	커닝
update	갱신, 최신정보, (v.) 갱신하다, 새롭게 하다	ʌpdeit	업데잇트
symptom	증상, 징후	simptəm	심프텀

USA

단어	뜻	발음기호	한글발음
expert	전문가, 숙련된	ekspəːrt	엑쓰퍼트
postmodernism	포스트모더니즘	poustmadərnizm	포우스트**마**더니즘
cheat	속이다, 부정행위를 하다	ʧiːt	취트
basin	분지, 웅덩이	beisn	베이쓴
subtract	빼다, 공제하다	səbtrækt	써브트랙트

Chunk set 43 ▸▸

단어	뜻	발음기호	한글발음
agency	대리점, 대행사, 정부기관	eidʒənsi	에이젼시
wreck	난파, 조난, (v.) 난파시키다	rek	렉
record	기록, 음반, (v.) 기록하다, 녹음하다	rekɔːrd / (v.) rikɔːrd	레코드 / (v.) 리코드
outmoded	유행에 뒤진, 낡은, 구식의	autmoudid	아웃모우디드
reserve	따로 두다, 비축하다, 예약하다	rizəːrv	리져브

Korea   the Pacific

단어	뜻	발음기호	한글발음
further	그 이상의, 더욱	fəːrðər	뻐더
route	길, 노선, 항로	ruːt	루트
documentary	문서의, 서류의, (n.) 기록영화	dakjumentəri	다큐멘터리
freshman	신입생, 신참자	freʃmən	쁘레쉬맨
misdeed	잘못된 행위	misdiːd	미스디드

단어	뜻	발음기호	한글발음
patrol	순찰병, 순찰, 정찰, (v.) 순찰하다	pətroul	퍼트**로**울
adult	성인, (adj.) 성숙한	ədʌlt / (adj.) ædʌlt	어**덜**트 / (adj.) 애**덜**트
authentic	진짜인	ɔ:θentik	오**쎈**틱
salvage	해상 구조, (v.) 구조하다	sælvidʒ	**쌜**비쥐
guard	경호인, (v.) 지키다, 보호하다, 망보다	ga:rd	가드

USA

단어	뜻	발음기호	한글발음
manual	손의, 손으로 하는, (n.) 소책자, 안내서	mænjuəl	**매**뉴얼
room	방, 공간, 자리, 여지, 기회	ru:m	룸
bible	성경	baibl	**바**이블
mutual	서로의, 상호의	mju:ʧuəl	**뮤**츄얼
agriculture	농업, 농사	ægrəkʌlʧər	**애**그리컬쳐

Chunk set 44 ▸▸

단어	뜻	발음기호	한글발음
regime	정권, 정부, 체제	rəʒi:m	레쥐임
freezing	몹시 추운, 냉동용의, (n.) 결빙(freeze-froze-frozen)	fri:ziŋ	쁘리징
defect	결점, 결함, 단점	di:fekt	디삑트
gather	모이다, 모으다	gæðər	개더
secure	안전한, (v.) 안전하게 하다	sikjuər	씨큐어

Korea ──────────────────────────── **the Pacific**

단어	뜻	발음기호	한글발음
commonplace	평범한, 아주 흔한	ka:mənpleis	카먼플레이쓰
contact	접촉, 연락, (v.) 접촉하다, 연락하다	kantækt	칸택트
hangar	비행기, 비행선의 격납고	hæŋər	행어
medicine	약, 의학	medəsin	메드씬
alienate	따돌리다, 멀리하다, 소외시키다	eiljəneit	에일려네잇트

단어	뜻	발음기호	한글발음
origin	근원, 기원, 태생	ɔːrədʒin	**오**리진
cohesion	결합, 응집	kouhiːʒən	코우**히**젼
throne	왕위, 왕좌	θroun	쓰로운
veteran	노련가, 퇴역 군인	vetərən	**베**터런
frowning	찌푸린, 얼굴의	frauniŋ	**쁘라**우닝

USA

pros and cons	찬반양론, 득과 실, 장단점		프로쓰 앤 칸즈
emit	(소리/빛/열 등을) 내다, 발산하다	imit	이**밋**트
naughty	장난꾸러기의, 버릇없는	nɔːti	**노**티
contaminate	오염시키다, 더럽히다	kəntæməneit	컨**태**미네잇
maintain	지속하다, 유지하다, 주장하다	meintein	메인**테**인

Chunk set 45 ▸▸

단어	뜻	발음기호	한글발음
recede	물러가다, 후퇴하다	risi:d	리씨드
avenge	보복하다, 복수하다	əvendʒ	어벤쥐
symmetry	대칭, 균형, 조화	simətri	씨머트리
fever	열, 열병, 열광	fi:vər	삐버
abrupt	갑작스러운, 뜻밖의	əbrʌpt	어브럽트

Korea ──────────────✈ **the Pacific**

pray	빌다, 기원하다	prei	프레이
smudge	얼룩, 더러움, (v.) 더럽히다, 배다	smʌdʒ	스머쥐
consequence	결과, 결론, 중요성	kansəkwens	칸쓰퀀쓰
chop	팍팍 찍다, 자르다	tʃap	찹
income	수입, 소득	inkʌm	인컴

단어	뜻	발음기호	한글발음
departure	출발, 떠남	dipa:rʧər	디**파**쳐
colored	색깔 있는, 채색된, ~색깔의	kʌlərd	**컬**러드
raise	올리다, 들어올리다	reiz	레이즈
dwell	살다, 거주하다, ~을 곰곰이 생각하다	dwel	드웰
wrap	싸다, 포장하다	ræp	랩

USA

단어	뜻	발음기호	한글발음
identity	신원, 정체, 일치, 동일함	aidentəti	아이**덴**터티
gauge	계량기, 표준치수, 게이지	geidʒ	게이쥐
solitude	고독, 외로움	salətju:d	**쏠**리튜드
store	가게, 상점	stɔ:r	스토어
reject	거절하다, 부인하다	ridʒekt	리**젝**트

Chunk set 46 ▸▸

단어	뜻	발음기호	한글발음
continent	대륙, 육지	kantənənt	**칸티넌트**
equip	장비를 갖추다, 채비하다	ikwip	**이큅**
chief	우두머리, 장관, (adj.) 최고의, 주요한	tʃi:f	**취이쁘**
gray	회색의, 잿빛의	grei	그레이
intake	섭취, 흡입	inteik	**인테익크**

Korea ———————————————————————— the Pacific

bathe	목욕시키다	beið	베이드
faint	희미한, 어렴풋한, 약한	feint	뻬인트
ditch	도랑, 배수구	ditʃ	디취
expand	넓히다, 퍼지다, 팽창시키다	ikspænd	**익쓰팬드**
portable	휴대할 수 있는	pɔ:rtəbl	**포터블**

단어	뜻	발음기호	한글발음
recognize	알아차리다, 인정하다	rekəgnaiz	레커그나이즈
recital	낭송, 낭독회, 독주회	risaitl	리**싸**이틀
award	상, 상품, (v.) 수여하다	əwɔːrd	어워드
bomb	폭탄, (v.) 폭격하다	bam	밤
edit	편집하다	edit	에딧트

USA

단어	뜻	발음기호	한글발음
fade	색이 바래다, 소리가 사라지다, 꽃이 시들다	feid	뻬이드
pet	애완동물	pet	펫
author	저자, 작가	ɔːθər	오써
dew	이슬, 신선함, 상쾌함	djuː	듀
colorful	다채로운	kʌlərfəl	컬러뿔

Chunk set 47 ▸▸

단어	뜻	발음기호	한글발음
armor	갑옷, 철갑, 방호복	á:rmər	아머
widespread	넓게 펼쳐진, 널리 보급된	waidspred	와이드스프레드
sphere	구, 구형, (adj.) 지구의	sfiər	스삐어
rash	성급한, 무모한, 분별없는	ræʃ	래쉬
copyright	저작권, 판권	ka:pirait	카피롸잇트

Korea ✈ the Pacific

단어	뜻	발음기호	한글발음
comfort	위로, 위안, 안락, (v.) 위로하다	kʌmfərt	컴뽀트
conceal	숨기다, 비밀로 하다	kənsi:l	컨씨일
ounce	온스, 소량	auns	아운스
lie	거짓말, (v.) 거짓말하다(lie-lied-lied)	lai	라이
aviate	비행하다, (비행기를) 조종하다	eivieit	에이비에잇

단어	뜻	발음기호	한글발음
review	평론, 재검토, 복습	rivju:	리뷔유
immediate	즉시의, 당장의	imi:diət	이미디엇
utmost	최대의, 최고의, 극도의	ʌtmoust	얼모우스트
cradle	요람, 발상지	kreidl	크레이들
tidy	단정한, 깔끔한	taidi	타이디

USA

단어	뜻	발음기호	한글발음
install	설치하다, 장치하다	instɔ:l	인스톨
heavily	몹시, 심하게	hevili	헤빌리
diameter	지름, 직경	daiæmətər	다이애미터
snatch	강탈, 납치, (v.) 잡아채다, 강탈하다	snætʃ	스내취
reasonable	합리적인, 타당한, 가격에 합당한	ri:zənəbl	리즈너블

Chunk set 48 ▸▸

단어	뜻	발음기호	한글발음
costly	값이 비싼, 비용이 많이 드는	kɔːstli	코스틀리
lore	지식, 민간전승	lɔːr	로오
frigid	몹시 추운	fridʒid	쁘리쥐드
prey	먹이, 희생	prei	프레이
alumni	동창생들	əlʌmnai	얼럼나이

Korea ⟶ **the Pacific**

단어	뜻	발음기호	한글발음
flame	불길, 불꽃, 화염, (v.) 타오르다	fleim	쁠레임
attendant	참석자, 안내원, 시중드는 사람	ətendənt	어텐던트
millionaire	백만장자	miljənɛər	밀려네어
diverse	다양한, 가지각색의	divəːrs	다이버쓰
organization	조직, 단체	ɔrgənizeiʃən	오거니제이션

단어	뜻	발음기호	한글발음
jar	항아리, 단지	dʒa:r	쟈
razor	면도칼, 면도기	reizər	레이져
backfire	역효과를 가져오다	bækfaiə	백빠이어
decay	썩다, 부패하다, 타락하다	dikei	디케이
respire	호흡하다, 숨쉬다	rispaiər	리스파이어

USA

단어	뜻	발음기호	한글발음
outward	밖으로 향하는	autwərd	아웃워드
assign	할당하다, 지정하다	əsain	어싸인
league	연맹, 동맹	li:g	리그
humble	겸손한, 변변찮은	hʌmbl	험블
treetop	나무 꼭대기	tri:ta:p	트리탑

Chunk set 49 ▸▸

단어	뜻	발음기호	한글발음
passed	지나간, 통과한, 시험에 합격한	pæst	패스트
pupil	학생, 제자, 눈동자	pju:pl	퓨필
deploy	배열, (v.) 배치하다	diplɔi	디플로이
announce	알리다, 발표하다	ənauns	어나운쓰
fuel	연료, 에너지, (v.) 연료를 공급하다	fju:əl	쀼얼

Korea ———————————————————— **the Pacific**

단어	뜻	발음기호	한글발음
conspire	공모하다, 음모를 꾸미다	kənspaiər	컨쓰파이어
twilight	황혼, 여명	twailait	트와잇라잇
communism	공산주의	kamjunizm	카뮤니즘
therefore	그런 까닭에	ðεərfɔ:r	데어뽀
disease	질병	dizi:z	디지즈

단어	뜻	발음기호	한글발음
comet	혜성	kamit	**카밋**
accustom	익히다, 습관 들이다, 익숙해지다	əkʌstəm	**어커스텀**
wizard	마법사	wizərd	**위져드**
pasture	목장, 목초지	pæstʃər	**패스쳐**
purchase	구입, 구매, (v.) 사다, 구입하다	pəːrtʃəs	**퍼쳐쓰**

USA

단어	뜻	발음기호	한글발음
cease	그만두다, 중지하다	siːs	씨스
fumble	손으로 더듬다, 더듬어 찾다	fʌmbl	뻠블
mobile	움직이기 쉬운, 이동할 수 있는	moubəl	**모우벌**
devil	악마, 마귀	devl	데빌
bold	대담한, 용감한	bould	보울드

Chunk set 50 ▸▸

단어	뜻	발음기호	한글발음
petition	청원, 탄원	pətiʃən	퍼티션
memorial	기념의, 추도의	məmɔːriəl	메모리얼
graze	풀을 뜯어먹다	greiz	그레이즈
differ	다르다	difər	디뻐
cereal	곡식, 곡물	siəriəl	씨어리얼

Korea ✈ the Pacific

단어	뜻	발음기호	한글발음
bias	성향, 편견, (v.) 한쪽으로 치우치게 하다	baiəs	바이어쓰
boycott	불매 운동을 하다, 배척하다	bɔikat	보이캇
righteous	올바른, 의로운	raiʧəs	라이쳐쓰
most	최고의, 대부분의	moust	모우스트
celebrity	유명인, 명성	səlebrəti	썰레브러티

단어	뜻	발음기호	한글발음
twofold	2배의, 2중의	tu:fould	투쁘울드
complacent	자기만족의, 만족한	kəmpleisnt	컴플레이슨트
rigorous	엄격한, 가혹한, 혹독한	rigərəs	리거러쓰
capable	~할 수 있는, 유능한	keipəbl	케이퍼블
dish	접시, 요리, 음식	diʃ	디쉬

USA

단어	뜻	발음기호	한글발음
miss	그리워하다, 놓치다	mis	미쓰
vow	맹세, (v.) 맹세하다, 서약하다	vau	바우
compassion	연민, 동정	kəmpæʃən	컴패션
questionnaire	질문서, 질문 사항	kwesʧənɛər	퀘스쳐네어
polite	공손한, 예의 바른	pəlait	펄라잇트

Chunk set 51 ▸▸

단어	뜻	발음기호	한글발음
exaggerate	과장하다, 지나치게 강조하다	igzædʒəreit	이그**재**져레이트
well-earned	자기 힘으로 획득한, 당연한		웰**언**드
bully	(약자를) 괴롭히다	buli	**불**리
attend	시중들다, 간호하다, 출석하다	ətend	어**텐**드
prior	~보다 먼저의, ~보다 중요한	praiər	프**라**이어

Korea ────────────────────✈ **the Pacific**

단어	뜻	발음기호	한글발음
tax	세금, (v.) ~에 과세하다	tæks	**택**스
hummingbird	벌새	hʌmiŋbə:rd	허밍**버**드
insulate	절연하다, 격리하다	insəleit	**인**썰레잇
cast	던지다, (역을) 배정하다(cast-cast-cast)	kæst	**캐**스트
curse	저주, 욕설, (v.) 저주하다, 욕설을 퍼붓다	kə:rs	**커**쓰

단어	뜻	발음기호	한글발음
hollow	속이 빈, 오목한	halou	할로우
reputation	평판, 명성	repjuteiʃən	레퓨테이션
paste	풀, 밀가루 반죽	peist	페이스트
vacuum	진공, (adj.) 진공의	vækjuəm	배큠
typical	전형적인, 대표하는	tipikəl	티피컬

USA

단어	뜻	발음기호	한글발음
collision	충돌, 격돌, 대립	kəliʒən	컬리즌
investment	투자	investmənt	인베스트먼트
so far as	~하는 한		쏘우 빠 애즈
adore	숭배하다, 받들다, 동경하다	ədɔːr	어도어
pessimist	염세주의자, 비관론자	pesəmist	페씨미스트

Chunk set 52 ▸▸

단어	뜻	발음기호	한글발음
advertise	광고하다, 선전하다	ædvərtaiz	애드버타이즈
breath	호흡, 숨	breθ	브레쓰
monk	수도사, 수도승	mʌŋk	멍크
moral	도덕적인, 윤리의	mɔːrəl	모럴
heritage	유산, 상속재산, 전통	heritidʒ	헤리티쥐

Korea   the Pacific

단어	뜻	발음기호	한글발음
exterior	외부, (adj.) 외부의	ikstiəriər	익스티어리어
reservoir	저수지	rezərvwaːr	레져보와
anarchy	무정부 상태, 무질서	ænərki	애너키
activate	작동시키다, 활성화시키다	æktiveit	액티베잇
impure	순수하지 않은, 더러운	impjuər	임퓨어

단어	뜻	발음기호	한글발음
embarrass	당황하게 하다, 난처하게 하다	imbærəs	임배러쓰
infer	추론하다, 추정하다	infə:r	인뻐
whirl	빙빙돌다, 돌리다, 소용돌이 치게하다	hwə:rl	훨
reciprocal	상호간의, 서로간의	risiprəkəl	리씨프러컬
accuse	고발하다, 비난하다	əkju:z	어큐즈

USA

단어	뜻	발음기호	한글발음
analyze	분석하다, 분해하다	ænəlaiz	애널라이즈
gain	이익, (v.) 얻다, 벌다	gein	게인
defeat	패배, (v.) 쳐부수다, 패배시키다	difi:t	디삐트
worship	숭배, 예배, (v.) 숭배하다	wə:rʃip	워쉽
impel	몰아대다, 억지로 ~시키다	impel	임펠

Chunk set 53 ▸▸

단어	뜻	발음기호	한글발음
resent	분개하다, 노하다	rizent	리**젠**트
protest	항의, (v.) 항의하다, 주장하다	proutest	프**로**우테스트 / 프로우**테**스트
dim	어둑한, 흐릿한	dim	딤
regardless of	~와 관계없이	riga:rdlis	리**가**들러쓰 어브
linger	우물쭈물하다, 꾸물거리다, 남아 있다	liŋgər	**링**거

Korea ————————————————————————————— **the Pacific**

단어	뜻	발음기호	한글발음
chew	씹다, 깨물다	ʧu:	츄
usher	안내인, 접수원	ʌʃər	**어**셔
classify	분류하다, 등급으로 나누다	klæsəfai	클**래**써빠이
overbearing	거만한, 압도적인, 억압적인	ouvərberiŋ	오우버**베**어링
priceless	값을 매길 수 없는, 아주 귀중한	praislis	프**라**이슬리쓰

단어	뜻	발음기호	한글발음
assemble	모으다, 모이다, 조립하다	əsembl	어**쎔**블
sensation	감각, 감동, 대사건	senseiʃən	**쎈세**이션
fare	운임, 요금	fɛər	**삐**어
misery	고통, 비참함, 불행	mizəri	**미**져리
polish	닦다, 윤내다	paliʃ	**팔**리쉬

USA

단어	뜻	발음기호	한글발음
trap	덫, 올가미, 함정, (v.) 함정에 빠트리다	træp	트랩
persuade	설득하다	pərsweid	퍼스**웨**이드
benefactor	후원자	benifæktə(r)	**베**니**빽**터
abide	머무르다, 견디다	əbaid	어**바**이드
hop	깡충 뛰기, (v.) 깡충뛰다	hap	홉

Chunk set 54 ▶▶

단어	뜻	발음기호	한글발음
antique	골동의, 고풍의, 고대의	ænti:k	앤**틱**
burst	폭발하다, 파열하다(burst-burst-burst)	bə:rst	버쓰트
moth	나방	mɔ:θ	모쓰
magnificent	웅장한, 장대한, 훌륭한	mægnifəsnt	매그니**삐**슨트
expel	내쫓다, 쫓아버리다	ikspel	익쓰**펠**

Korea ━━━━━━━━━━━━━━━━━━━━━━━━ the Pacific

단어	뜻	발음기호	한글발음
empire	제국, 왕국	empaiər	**엠**파이어
conform	따르다, 순응하다	kənfɔ:rm	컨**뽐**
bulb	전구, 안구	bʌlb	벌브
pause	잠시 멈추다, 중단하다	pɔ:z	포즈
appreciate	감사하다, 진가를 인정하다, 감정하다	əpri:ʃieit	어프**리**쉬에잇트

단어	뜻	발음기호	한글발음
council	의회	kaunsəl	**카운설**
coral	산호	kɔ:rəl	**코럴**
career	직업, 경력	kəriər	**커리어**
raft	뗏목, 고무보트	ræft	**래쁘트**
mat	매트, 돗자리	mæt	**맷**

USA

단어	뜻	발음기호	한글발음
appoint	지명하다, 임명하다, (시간, 장소 등을) 정하다, 약속하다	əpɔint	어포인트
contradict	반박하다, 부인하다	kantrədikt	칸트러딕트
avoid	피하다, 회피하다	əvɔid	어보이드
approve	승인하다, 찬성하다	əpru:v	어프루브
inflict	(구타/벌/상처 등을) 가하다	inflikt	인쁠릭트

Chunk set 55 ▸▸

단어	뜻	발음기호	한글발음
formal	공식적인, 형식적인	fɔ:rməl	뽀멀
depend	의존하다, 의지하다	dipend	디펜드
discharge	짐을 내리다, 해방하다, 석방하다, 면직시키다	distʃa:rdʒ	디스챠쥐
gulf	만	gʌlf	걸쁘
fresh	신선한, 새로운	freʃ	쁘레쉬

Korea ⟶ the Pacific

단어	뜻	발음기호	한글발음
major	주요한, 대다수의, (v.) 전공하다	meidʒər	메이져
profess	공언하다, 분명히 말하다	prəfes	프러뻬쓰
lift	들어 올리다, 높이다	lift	리쁘트
anxious	걱정하는, 열망하는	æŋkʃəs	앵셧쓰
treasure	보물	treʒər	트레져

단어	뜻	발음기호	한글발음
healthful	건강에 좋은	helθfəl	**헬쓰뿔**
capital	수도, 자본, 대문자, (adj.) 자본의	kæpətl	**캐**피털
triple	3배, (v.) 3배로 하다	tripl	트리플
lizard	도마뱀	lizərd	**리**져드
beneficial	유익한, 이로운	benəfiʃəl	베네**삐**셜

USA

단어	뜻	발음기호	한글발음
omen	징조, 징후, 불길한 예감	oumən	오우먼
contrary	반대의, 정반대	kantreri	**칸**트러리
contrive	고안하다, 연구해내다	kəntraiv	컨트**라**이브
oath	맹세, 서약	ouθ	오우쓰
factor	요소, 요인	fæktər	**빽**터

Chunk set 56 ▸▸

단어	뜻	발음기호	한글발음
congress	국회, 의회	kaŋgris	캉그레쓰
allege	우기다, 주장하다	əledʒ	얼레쥐
remarkable	주목할 만한, 두드러진, 놀랄 만한	rima:rkəbl	리마커블
dock	부두, 선착장	dak	닥
conduce	도움이 되다, 공헌하다	kəndju:s	컨듀쓰

Korea   the Pacific

단어	뜻	발음기호	한글발음
consult	상담하다, 의견을 묻다	kənsʌlt	컨썰트
dense	밀집한, 빽빽한, 조밀한	dens	덴쓰
tribe	종족, 부족	traib	트라이브
seat	앉히다, (n.) 좌석	si:t	씨잇트
millennium	천년(간), 천년기념제	mileniəm	밀레니엄

단어	뜻	발음기호	한글발음
discontinue	중지하다, 그만두다	diskəntinju:	디스컨**티**뉴
spirit	정신, 마음	spirit	스피릿트
filter	필터, 여과 장치	filtər	**삘**터
indubitable	의심할 여지없는, 확실한	indju:bitəbl	인**듀**비터블
hibernate	동면하다, 겨울을 지내다	haibərneit	**하**이버네잇트

USA

단어	뜻	발음기호	한글발음
climate	기후	klaimit	클**라**이멋
party	파티, 모임, 당파, 한쪽 편	pa:rti	**파**티
progressive	전진적인, 진보적인	prəgresiv	프러그레**씨**브
statesman	정치가	steitsmən	스테이츠맨
despise	경멸하다, 멸시하다	dispaiz	디스**파**이즈

Chunk set 57 ▸▸

단어	뜻	발음기호	한글발음
salmon	연어	sǽmən	쌔먼
hasty	서두르는, 성급한	heisti	헤이스티
frontier	국경지방	frʌntiər	쁘런티어
concise	간결한, 명료한	kənsais	컨싸이쓰
divine	신의, 신성한	divain	디바인

Korea　　　　　　　　　　　　　　　　　　　　the Pacific

단어	뜻	발음기호	한글발음
craft	기능, 기술, 기교, 교활, 비행기, 우주선	kræft	크래쁘트
commonsense	상식	kamənsens	카먼쎈쓰
sometimes	때때로, 이따금	sʌmtaimz	썸타임즈
foretell	예고/예언하다, ~의 전조가 되다	fɔːrtel	뽀텔
labor	노동, (v.) 노동하다, 애쓰다	leibər	레이버

단어	뜻	발음기호	한글발음
rib	늑골, 갈빗대	rib	립
establish	설립하다, 제정하다	istæbliʃ	이스**태**블리쉬
remote	먼, 멀리 떨어진	rimout	리**모**웃트
respective	각자의, 각각의	rispektiv	리스**펙**티브
abolish	폐지하다, 없애다	əbaliʃ	어**발**리쉬

USA

eager	열망하는, 열성적인	i:gər	**이**거
spur	박차, 자극, (v.) 박차를 가하다	spə:r	스퍼
wholesale	도매, (v.) 대량으로 팔다	houlseil	**호**울쎄일
futile	효과 없는, 쓸모없는	fju:tl	**뷰**타일
unique	유일한, 독특한	ju:ni:k	유**닉**크

단어	뜻	발음기호	한글발음
thrive	번영하다, 무성해지다	θraiv	쓰라이브
significant	중요한, 의미있는	signifikənt	씨그니삐컨트
doctrine	교리, 학설, 주의, 원칙	daktrin	닥트린
backward	뒤로, 뒤쪽으로	bækwərd	백워드
sufficient	충분한, 흡족한	səfiʃənt	써삐션트

Korea ──────────────────────── ✈ **the Pacific**

단어	뜻	발음기호	한글발음
corps	군단, 병단, ~대, 부대	kɔːr	코어
unlikely	있음직하지 않은, ~일 것 같지 않은	ʌnlaikli	언라익클리
predator	약탈자, 포식자	predətər	프레더터
upright	똑바로 선, 수직의	ʌprait	업롸잇
outing	소풍, 나들이	autiŋ	아웃팅

단어	뜻	발음기호	한글발음
end	끝, 목표, (v.) 끝나다, 끝내다	end	엔드
counterclockwise	시계반대방향으로	kauntərklɑ:kwaiz	카운터클**락**와이즈
metropolis	수도, 중심지	mitrapəlis	미트**라**펄리쓰
task	직무, 힘든 일	tæsk	태스크
ruin	파멸, (v.) 파멸시키다, 망치다	ru:in	**루**인

USA

단어	뜻	발음기호	한글발음
equate	평균화하다, 동일시하다	ikweit	이**퀘**잇
refer	말하다, 언급하다, 참조하다	rifə:r	리**뻐**
rude	버릇없는, 무례한	ru:d	루드
drizzle	이슬비, (v.) 이슬비가 내리다	drizl	드리즐
impression	인상, 감명	impreʃən	임프**레**션

Chunk set 59 ▸▸

단어	뜻	발음기호	한글발음
astronaut	우주 비행사	æstrənɔːt	애스트러노트
crush	눌러서 뭉개다, 으깨다	krʌʃ	크러쉬
bull	황소	bul	불
overhead	머리 위의, 머리 위에	ouvərhed	오우버헤드
eliminate	제거하다, 없애다, 배제하다	iliməneit	일리미네잇

Korea ──────────────────────── the Pacific

단어	뜻	발음기호	한글발음
sprain	(손목/발목 등을) 삐다	sprein	스프레인
per capita	1인당	pər kæpitə	퍼 캐피터
testify	증언하다, 증명하다	testəfai	테스티빠이
stable	안정적인, 견고한	steibl	스테이블
might	힘, 세력, 권력	mait	마잇트

단어	뜻	발음기호	한글발음
induce	권유하다, 설득하여 ~하게 하다, 야기하다	indju:s	인듀쓰
notion	관념, 개념, 생각	nouʃən	노우션
fierce	맹렬한, 난폭한, 사나운	fiərs	삐어쓰
adhere	들러붙다, 고수하다	ədhiər	어드히어
companion	친구, 동료	kəmpænjən	컴패년

USA

단어	뜻	발음기호	한글발음
idiot	바보, 천치	idiət	이디엇
accelerate	가속하다, 촉진하다	ækseləreit	액쎌러레잇
discount	할인, (v.) 할인하다	diskaunt	디스카운트
dot	점, (v.) 점을 찍다	dat	닷
shepherd	양치기	ʃepərd	쉐퍼드

Ch_{unk} set 60 ▸▸

단어	뜻	발음기호	한글발음
so far	지금까지는		쏘우 **빠**
refuse	거절하다, 거부하다	rifjuːz	리**뷰**즈
fiction	소설, 허구, 꾸며낸 이야기	fikʃən	**픽**션
fabulous	매우 멋진, 엄청난	fæbjuləs	**빼**뷸러쓰
lumber	목재, 재목	lʌmbər	럼버

Korea ──────────────────────── **the Pacific**

단어	뜻	발음기호	한글발음
clone	복제생물, 복제품	kloun	클로운
dine	식사하다	dain	다인
inn	여인숙, 여관	in	인
sentence	문장, 판결, (v.) 판결하다, 선고하다	sentəns	**쎈**턴스
invade	침략하다, 침입하다	inveid	인**베**이드

단어	뜻	발음기호	한글발음
province	지방, 분야	pravins	프라빈쓰
particle	입자, 극소량	pa:rtikl	파티클
ashamed	부끄러워하는, 창피해하는	əʃeimd	어쉐임드
frost	서리, 결빙	frɔ:st	쁘로스트
apparatus	기구, 기계, 장치, 기관	æpərætəs	애퍼래터쓰

USA

단어	뜻	발음기호	한글발음
crusade	십자군	kru:seid	크루세이드
community	공동체, 지역 사회	kəmju:nəti	커뮤넛티
shellfish	조개, 갑각류	ʃelfiʃ	쉘삐쉬
escape	탈출, 도망, (v.) 달아나다	iskeip	이스케입
trigger	방아쇠, (v.) 쏘다, 발사하다, 야기하다	trigər	트리거

TOUCH VOCA

Chunk set 61 ▸▸

단어	뜻	발음기호	한글발음
mediate	중재하다, 조정하다	mi:dieit	미디에잇트
creditable	칭찬할 만한, 명예로운	kreditəbl	크레디터블
equator	적도	ikweitər	이퀘이터
innovation	혁신, 쇄신, 일신	inəveiʃən	이너베이션
bid	명령하다, 말하다	bid	비드

Korea

단어	뜻	발음기호	한글발음
roar	으르렁 소리, (v.) 으르렁거리다, 고함치다	rɔ:r	로어
impair	해치다, 손상하다	impɛər	임페어
murmur	중얼거림, 속삭임, (v.) 속삭이다	mə:rmə(r)	머머
include	포함하다	inklu:d	인클루드
aquarium	수족관	əkwɛəriəm	어퀘어리엄

단어	뜻	발음기호	한글발음
people	사람들	pi:pl	피플
prepare	준비하다, 마련하다	pripɛər	프리페어
surmount	극복하다, 이겨내다	sərmaunt	써마운트
heap	더미, (v.) 쌓아 올리다	hi:p	히입
remodel	개조하다	ri:ma:dl	리마들

Hawaii ──────────── USA

단어	뜻	발음기호	한글발음
function	기능, 역할, (v.) 기능을 하다, 작용하다	fʌŋkʃən	뻥션
employ	고용하다	implɔi	임플로이
withstand	저항하다, 견디어내다, 버티다	wiðstænd	위드스탠드
acquaintance	아는 사람, 지인, 친분	əkweintəns	어퀘인턴스
groan	신음하다, 한탄하다	groun	그로운

Chunk set 62 ▸▸

단어	뜻	발음기호	한글발음
debt	빚, 채무	det	뎁트
pour	붓다, 따르다	pɔ:r	포어
baggage	수하물, 여행가방	bægidʒ	**배기쥐**
seek	찾다, 구하다(seek-sought-sought)	si:k	씩크
simultaneous	동시에 일어나는, 동시의	saiməlteiniəs	**씨멀테이니어쓰**

Korea

단어	뜻	발음기호	한글발음
distress	고통, 곤란, (v.) 괴롭히다, 슬프게 하다	distres	디스트레쓰
venture	모험, 모험적 사업	ventʃər	**벤쳐**
patient	환자, (adj) 끈기 있는	peiʃənt	**페이션트**
destiny	운명, 숙명	destəni	**데스터니**
imperial	제국의, 황제의	impiəriəl	**임피어리얼**

단어	뜻	발음기호	한글발음
referee	심판원	refəri:	레뻐리
superior	뛰어난, ~보다 나은, 우수한	səpiəriər	쑤**피**어리어
personality	개성, 성격	pə:rsənæləti	퍼스**낼**럿티
compile	편집하다, 수집하다	kəmpail	컴**파**일
exquisite	정교한, 우아한, 섬세한	ikskwizit	익쓰**퀴**짓

Hawaii ✈ USA

단어	뜻	발음기호	한글발음
immune	면역이 된, 면제된	imju:n	임뮨
momentous	중대한, 중요한	moumentəs	모우**멘**터쓰
adventure	모험, 모험심	ədvenʧə(r)	어드**벤**춰
literary	문학의	litəreri	**리**터러리
helpless	무기력한, 의지할 곳 없는	helplis	헬프리쓰

Chunk set 63 ▸▸

단어	뜻	발음기호	한글발음
argue	논쟁하다, 주장하다	a:rgju:	**아규**
trial	시도, 재판	traiəl	트라이얼
renew	갱신하다, 회복하다	rinju:	리뉴
microscope	현미경	maikrəskoup	**마이크러스코웁프**
evolve	전화하다, 발전하다	ivalv	이볼브

Korea

단어	뜻	발음기호	한글발음
mental	정신의, 마음의	mentl	**멘틀**
assess	조사하다, 평가하다	əses	어쎄쓰
raid	습격, 공습, 침입, (v.) 급습하다	reid	레이드
afflict	괴롭히다	əflikt	어쁠릭트
turn	차례, 순서, (v.) 돌리다, 뒤집다, 바꾸다	tə:rn	턴

단어	뜻	발음기호	한글발음
result from	~로부터 생기다		리절트 쁘롬
fluent	유창한, 입담 좋은	flu:ənt	쁠루언트
firsthand	직접의, (adv.) 직접적으로	fə:rsthænd	뻐스트핸드
nervous	신경의, 불안한	nə:rvəs	너버스
automatic	자동의	ɔ:təmætik	오터매틱

단어	뜻	발음기호	한글발음
grasp	붙잡기, 이해, (v.) 붙잡다, 이해하다	græsp	그래스프
erect	직립의, 똑바로 선, (v.) 똑바로 세우다, 건립하다	irekt	이렉트
species	종, 종류	spi:ʃi:z	스피쉬즈
nursery	육아실, 탁아소	nə:rsəri	너써리
postwar	전후의	poustwɔ:r	포우스트워

Chunk set 64 ▸▸

단어	뜻	발음기호	한글발음
sash	장식 띠, 머리 띠	sæʃ	쌔쉬
biology	생물학	baialədʒi	바이**알**러쥐
attain	달성하다, 성취하다, 도달하다	ətein	어**테**인
gaze	응시하다, 뚫어지게 보다	geiz	게이즈
warrior	전사, 용사	wɔ:riər	**워**리어

Korea

bough	큰 가지	bau	바우
volume	책, 서적, 양, 부피	valju:m	**발**륨
patience	인내	peiʃəns	페이션스
compass	나침반, 컴퍼스	kʌmpəs	**컴**퍼스
be made of	~으로 만들어지다(물리적 변화)		비 메이드 어브

단어	뜻	발음기호	한글발음
illustrate	설명하다, 예증하다	iləstreit	**일러쓰트레잇**
touch	접촉하다, 마음을 움직이다, 감동시키다	tʌʧ	**터취**
discreet	분별 있는, 신중한	diskri:t	**디스크리트**
shoal	떼, 무리, 고기 떼, 다수	ʃoul	**쇼울**
measure	재다, 측정하다, (n.) 측정, 치수, 조치	meʒər	**메져**

Hawaii ————————————————————————— USA

단어	뜻	발음기호	한글발음
mercy	자비, 용서	mə:rsi	**머씨**
require	요구하다, 필요로 하다	rikwaiər	**리콰이어**
heredity	유전, 세습, 전통	həredəti	**허레덧티**
skeptical	의심 많은, 회의적인	skeptikəl	**스켑티컬**
pollination	수분, 꽃가루받이	paləneiʃən	**팔러네이션**

Chunk set 65 ▸▸

단어	뜻	발음기호	한글발음
buffalo	물소	bʌfəlou	버뻘로우
cancer	암	kænsər	캔서
recycle	재생하여 이용하다, 재활용하다	riːsaikl	리싸이클
ancient	옛날의, 고대의	einʃənt	에인션트
misleading	오해하게 만드는, 오도하는	misliːdiŋ	미스리딩

Korea

단어	뜻	발음기호	한글발음
normal	보편적인, 표준적인	nɔːrməl	노멀
inject	주사하다, 주입하다	indʒekt	인젝트
hedge	산울타리, 울타리	hedʒ	헷쥐
windshield	자동차의 바람막이 앞 유리	wind-	윈드쉴드
zealous	열광적인, 열심인	zeləs	젤러쓰

단어	뜻	발음기호	한글발음
pendulum	진자, 추	pendʒuləm	펜절럼
inhabit	~에 살다, 거주하다	inhæbit	인해빗트
graduation	졸업, 졸업식	grædʒueiʃən	그래쥬에이션
curious	호기심이 강한, 이상한	kjuəriəs	큐어리어쓰
stain	얼룩, 때, 흠, (v.) 더럽히다	stein	스테인

Hawaii — USA

단어	뜻	발음기호	한글발음
atmosphere	대기, 환경, 분위기	ætməsfiər	앳트머스삐어
shelter	피난처, 은신처	ʃeltər	쉘터
sparkle	불꽃, 번쩍임	spa:rkl	스파클
poisonous	유독한, 독이 있는	pɔizənəs	포이져너쓰
logic	논리, 이치	ladʒik	라직

단어	뜻	발음기호	한글발음
dairy	낙농장, (adj.) 낙농의, 우유로 만든	dɛəri	**데**어리
pioneer	개척자, 선구자	paiəniər	파이어**니**어
resemblance	유사, 닮음	rizembləns	리**젬**블런스
crucial	결정적인, 중대한	kruːʃəl	**크루**셜
grief	슬픔, 비탄	griːf	그리쁘

Korea

단어	뜻	발음기호	한글발음
dormitory	기숙사	dɔːrmətɔːri	**도**머토리
glitter	반짝반짝 빛나다	glitər	**글리**터
annoy	괴롭히다, 성가시게 굴다	ənɔi	어**노**이
knight	(중세의) 기사, 무사	nait	**나**잇트
refund	환불하다, (n.) 환불	rifʌnd	리**뻔**드 / (n.) **리**뻔드

단어	뜻	발음기호	한글발음
barometer	기압계	bəramitər	버라미터
fulfill	이행하다, 달성하다	fulfil	뿌삘
shabby	초라한, 낡아빠진, 지저분한	ʃæbi	쉐비
warn	경고하다, 조심시키다	wɔːrn	우원
florist	화초 재배가, 꽃장수	flɔːrist	쁠로리스트

✈ **Hawaii** ────────────────────────── **USA**

단어	뜻	발음기호	한글발음
Buddhist	불교도, (adj.) 불교의	buːdist	부디스트
incurable	불치의, 치료할 수 없는	inkjuərəbl	인큐어러블
comment	논평, 비평, (v.) 논평하다	kament / (v.) kəment	카멘트 / (v.) 커멘트
flexible	구부리기 쉬운, 나긋나긋한, 융통성 있는	fleksəbl	쁠렉써블
long	긴, 오랜, (v.) 간절히 바라다	lɔːŋ	롱

Chunk set 67 ▸▸

단어	뜻	발음기호	한글발음
gasp	헐떡거리다, 숨이차다	gæsp	개스프
dominant	지배적인, 유력한	damənənt	**다미넌트**
distract	(주의를) 딴 데로 돌리다, 산란시키다	distrækt	디쓰트랙트
urban	도시의, 도시 풍의	ə:rbən	**어번**
pulp	펄프, 과육	pʌlp	펄프

Korea

단어	뜻	발음기호	한글발음
workout	운동	wə:rkaut	**웍크아웃**
landscape	풍경, 경치	lændskeip	**랜드스케잎**
witch	마녀	witʃ	위취
verse	운문, 시	və:rs	버쓰
dramatic	극적인, 인상적인	drəmætik	드라**매틱**

단어	뜻	발음기호	한글발음
perish	사라지다, 죽다, 멸망하다	periʃ	**페리쉬**
former	이전의	fɔ:rmər	**뽀머**
cooperation	협력, 협동	kouapəreiʃən	코우퍼레이션
therapy	치료, 요법	θerəpi	**쎄러피**
bush	관목, 수풀	buʃ	부쉬

Hawaii ✈ USA

단어	뜻	발음기호	한글발음
challenge	도전, (v.) 도전하다	ʧælindʒ	**챌린쥐**
shelf	선반	ʃelf	쉘쁘
astrology	점성술, 점성학	əstralədʒi	어스트랄러쥐
bachelor	학사, 독신남자	bæʧələr	**배첼러**
bewilder	당황하게 하다	biwildər	비윌더

Chunk set 68 ▸▸

단어	뜻	발음기호	한글발음
blow	강풍, 강타, (v.) (바람이) 불다(blow-blew-blown)	blou	블로우
refute	논박하다, 이의를 제기하다	rifju:t	리뷰트
divide	나누다, 쪼개다	divaid	디**바**이드
vanish	사라지다, 없어지다	væniʃ	**배**니쉬
loan	대부, 대부금, (v.) 빌려주다	loun	로운

Korea

velocity	속력, 속도	vəlasəti	벌**라**써티
remedy	치료, 구제책	remədi	**레**머디
heartfelt	진심에서 우러난	ha:rtfelt	**하**트뺄트
striking	현저한, 두드러진(strike-struck-struck)	straikiŋ	스트**라**익킹
scorpion	전갈	skɔ:rpiən	스**코**피언

단어	뜻	발음기호	한글발음
immense	거대한, 막대한	imens	이멘쓰
chamber	방, 침실	ʧeimbər	체임버
planet	행성	plænit	플래닛
grumble	투덜거리다, 불평하다	grʌmbl	그럼블
order	명령, 순서, 질서, (v.) 명령하다, 주문하다	ɔːrdər	오더

Hawaii ✈ USA

단어	뜻	발음기호	한글발음
recur	되돌아가다, 재발하다	rikəːr	리커
logograph	표의문자, 한자	logogræf	로거그래쁘
last	마지막의, 지난, (v.) 지속되다	læst	래스트
avalanche	눈사태, 사태, 쇄도	ævəlænʧ	애벌란취
stake	막대기, 말뚝	steik	스테익크

Chunk set 69 ▸▸

단어	뜻	발음기호	한글발음
thoroughly	완전히, 철저하게	θəːrouli	써로울리
formation	형성, 편성	fɔːrmeiʃən	뽀메이션
aggravate	악화시키다, (일부러) 짜증나게 만들다	ægrəveit	애그러베잇
leisurely	한가로운, 느긋한	liːʒərli	레젤리
martial	전쟁의, 호전적인, 군의	maːrʃəl	마셜

Korea

단어	뜻	발음기호	한글발음
howl	짖는 소리, (v.) 울부짖다	haul	하울
crust	빵 껍질, 딱딱한 표면	krʌst	크러스트
hover	(새/헬리콥터 등이) 하늘을 떠다니다, 공중에서 맴돌다	havər	하버
legacy	유산, 유증	legəsi	레거씨
cargo	화물	kaːrgou	카고우

단어	뜻	발음기호	한글발음
likewise	마찬가지로	laikwaiz	**라익크와이즈**
temperature	온도, 기온, 체온	tempərəʧər	**템**퍼럿쳐
athletic	육상경기의, 활발한	æθletik	애쓰**레**틱
pledge	맹세, 서약, (v.) 맹세하다	pledʒ	플레쥐
slogan	모토, 구호, 슬로건	slougən	슬**로**우건

Hawaii ———————————————————————— USA

단어	뜻	발음기호	한글발음
transgender	성전환을 한 사람	trænsdʒendər	트랜스**젠**더
intact	손대지 않은, 손상되지 않은	intækt	인택트
condense	압축하다, 요약하다, 모으다	kəndens	컨덴쓰
tranquil	조용한, 고요한	træŋkwil	트랭퀼
taboo	터부, 금기	təbu:	터부우

Chunk set 70 ▸▸

단어	뜻	발음기호	한글발음
weapon	무기, 병기	wepən	웨펀
imprison	감옥에 넣다, 수감하다	imprizn	임프리즌
refrain	그만두다, 삼가다, 자제하다	rifrein	리쁘레인
dilemma	진퇴양난, 딜레마, 궁지	dilemə	딜레메
cosmopolitan	국제적인, 세계적인	kazməpalətn	카즈머**팔**리턴

Korea

economics	경제학	ekənamiks	에커**나**믹스
imminent	절박한, 긴박한	imənənt	**이**머넌트
evade	피하다, 모면하다, 회피하다	iveid	이**베**이드
furnish	공급하다, 주다	fəːrniʃ	**뻐**니쉬
pastime	오락, 기분전환, 여가활동	pæstaim	패**쓰**타임

단어	뜻	발음기호	한글발음
rechargeable	재충전되는, 할 수 있는	riʧaːrdʒəbl	리**챠**져블
ascertain	(옳은 정보를) 알아내다	æsərtein	애서**테**인
tow	끌다, 당기다, 견인하다	tou	토우
sophisticated	소박한 데가 없는, 약아빠진, 세련된	səfistəkeitid	쏘**삐**스티케이티드
legend	전설	ledʒənd	레**젼**드

Hawaii ———————————————— USA

단어	뜻	발음기호	한글발음
skylark	종달새	skailaːrk	스카이락크
despair	절망, 자포자기, (v.) 절망하다, 자포자기하다	dispɛər	디스**페**어
chore	허드렛일, 자질구레한 일	ʧɔːr	쵸어
hostile	적의 있는, 적의를 가진	hastl	**하**스틸
deliberate	신중한, 고의의, (v.) 숙고하다	dilibərət / (v.) dilibəreit	딜리버릿 / (v.) 딜**리**버레잇

Chunk set 71 ▸▸

단어	뜻	발음기호	한글발음
compel	억지로 ~시키다, 강요하다	kəmpel	**컴펠**
sour	신, 시큼한	sauər	싸우어
element	구성, 요소	eləmənt	**엘**러먼트
astray	길을 잃은, 잘못된 길에 빠진	əstrei	어스트**레**이
crawl	기어가기, (v.) 기어가다, 포복하다	krɔ:l	크롤

Korea

단어	뜻	발음기호	한글발음
preserve	보존하다, 유지하다	prizə:rv	프리**져**브
associate	관련자, 친구, (v.) 교제하다, 연합시키다	əsouʃieit	어**쏘**우씨에잇트
investigate	조사하다, 연구하다	investəgeit	인**베**스티게잇
twin	쌍둥이의 한 사람	twin	트윈
admonish	혼내다, 훈계하다	ædmaniʃ	어드**마**니쉬

단어	뜻	발음기호	한글발음
whisper	속삭임, (v.) 속삭이다	hwispər	**위**스퍼
cattle	소, 가축	kætl	**캐틀**
dictator	독재자, 절대 권력자	dikteitər	**딕**테이터
mustache	콧수염	mʌstæʃ	**머**스태쉬
available	이용할 수 있는, 쓸모 있는	əveiləbl	어**베**일러블

단어	뜻	발음기호	한글발음
economic	경제의, 경제학의	ekənamik	에커**나**믹
notice	통지, 통보, 주목, (v.) 알아차리다	noutis	**노**우티쓰
influenza	독감(flu)	influenzə	인쁠루**엔**저
hold	붙들다, 유지하다, (모임 등을) 열다, 개최하다(hold-held-held)	hould	호울드
merchandise	상품, 제품	məːrʧəndaiz	**머**천다이즈

Chunk set 72 ▸▸

단어	뜻	발음기호	한글발음
mummy	미라	mʌmi	머미
drown	물에 빠뜨리다, 익사하다	draun	드라운
version	버전, ~판	vəːrʒən	버전
artery	동맥	aːrtəri	아터리
prefer	~을 더 좋아하다, 선호하다	prifəːr	프리뻐

Korea

단어	뜻	발음기호	한글발음
beep	삑 하고 신호를 울리다, (n.) 삑 하는 소리	biːp	비이프
inaugurate	개시하다, 취임시키다	inɔːgjureit	이노규레잇트
flesh	살, 육체, 살점	fleʃ	쁠레쉬
notate	기록하다, 적어두다	nouteit	노우테잇트
gull	갈매기	gʌl	걸

단어	뜻	발음기호	한글발음
beam	광선, 빛	biːm	비임
auditory	청각의, 청각 기관의	ɔːditɔːri	오더터리
corpse	시체, 송장	kɔːrps	콥쓰
arrest	체포, 검거, (v.) 체포하다	ərest	어레스트
ray	광선, 빛	rei	레이

Hawaii ✈ USA

단어	뜻	발음기호	한글발음
demon	악마	diːmən	디먼
copper	구리, 동, 동전	kapər	카퍼
proficient	숙달된, 능숙한	prəfiʃənt	프러삐션트
contribution	공헌, 기부, 기증	kantrəbjuːʃən	컨트리뷰션
plural	복수, 복수형	pluərəl	플루어럴

Chunk set 73 ▸▸

단어	뜻	발음기호	한글발음
cathedral	대성당	kəθiːdrəl	커씨드럴
draft	도안, 설계도, (v.) 초안을 잡다	dræft	드래쁘트
negro	흑인(의)	niːgrou	니그로우
assassination	암살	əsæsəneiʃən	어쌔씨네이션
tempt	유혹하다, 꾀다	tempt	템프트

Korea

단어	뜻	발음기호	한글발음
adVocate	주창자, 대변자, (v.) 변호하다, 옹호하다	ædvəkət / (v.) ædvəkeit	애드버컷 / (v.) 애드버케잇
textile	직물, (adj.) 직물의	tekstail	텍스타일
fetch	가서 가지고 오다, 데리고 오다	fetʃ	뻬취
stalk	줄기	stɔːk	스톡
numb	마비가 된, 감각을 잃은	nʌm	넘

단어	뜻	발음기호	한글발음
laundry	세탁소, 세탁물	lɔ:ndri	**론드리**
loyal	충성스러운	lɔiəl	**로이얼**
liberty	자유, 해방	libərti	**리벗티**
sweat	땀, (v.) 땀을 흘리다	swet	**스웻**
caution	조심, 경계	kɔ:ʃən	**코션**

Hawaii — USA

단어	뜻	발음기호	한글발음
web	짜서 만든 것, 거미집, 망	web	**웹**
soak	적시다, 담그다	souk	**쏘욱크**
currency	통화, 유통	kə:rənsi	**커런씨**
inward	안으로, 내적인	inwərd	**인워드**
stare	응시하다, 바라보다	stɛər	**스테어**

Chunk set 74 ▸▸

단어	뜻	발음기호	한글발음
lately	요즘, 최근에	leitli	레이틀리
aisle	통로, 복도	ail	아일
overwhelm	압도하다	ouvərhwelm	오우버**휄름**
delay	지연, (v.) 미루다, 연기하다	dilei	딜**레**이
mass	큰 덩어리의, (n.) 다량	mæs	맷쓰

Korea

단어	뜻	발음기호	한글발음
goat	염소	gout	고웃트
face	얼굴, 정면, (v.) ~을 향하다	feis	뻬이쓰
subside	가라앉다, 진정되다	səbsaid	써브**싸**이드
sensible	분별 있는, 현명한	sensəbl	**쎈**써블
leather	가죽, (adj.) 가죽의	leðər	레더

단어	뜻	발음기호	한글발음
insect	곤충, 벌레	insekt	인쎅트
jury	배심원	dʒuəri	쥬어리
trace	자취, 발자국, (v.) ~의 흔적을 추적하다	treis	트레이쓰
diagram	도표, 도형, 그림	daiəgræm	다이어그램
incline	(마음이) 내키게 하다, 기울다	inklain	인클라인

Hawaii — USA

단어	뜻	발음기호	한글발음
counterpart	짝의 한쪽, 상대물, 대응물	kauntərpa:rt	카운터파트
rehearsal	예행연습, 리허설	rihə:rsəl	리허설
uncertain	불명확한, 불확실한	ʌns3:rtn	언써튼
cuisine	요리, 요리법	kwizi:n	퀴진
reflect	반사하다, 반영하다, 숙고하다	riflekt	리쁠렉트

Chunk set 75 ▸▸

단어	뜻	발음기호	한글발음
quantity	양, 분량, 수량	kwantəti	**콴텃티**
ash	재, 화산재	æʃ	애쉬
welfare	복지, 복지사업	welfɛər	**웰뻬어**
vision	시력, 통찰력	viʒən	**비젼**
aid	돕다, (n.) 도움, 원조, 처치	eid	에이드

Korea

단어	뜻	발음기호	한글발음
swoop	내리 덮치다, 덤벼들다, 급강하하다	swu:p	스웁
seizure	붙잡음, 체포	si:ʒər	**씨져**
protect	보호하다	prətekt	프러텍트
bother	성가심, (v.) 괴롭히다	baðər	**바더**
weave	짜다, 뜨다, 엮어 만들다(weave-wove-woven)	wi:v	위이브

단어	뜻	발음기호	한글발음
edge	모서리, 가장자리	edʒ	엣쥐
shudder	떨다, 전율하다, 몸서리치다	ʃʌdər	**셔**더
transaction	거래, 취급, 업무처리	trænsækʃən	트랜**쌕**션
sprint	전력질주, (v.) 전력질주하다	sprint	스프린트
hence	그러므로, 그래서	hens	헨쓰

Hawaii ✈ USA

단어	뜻	발음기호	한글발음
leap	뛰다, 도약하다, (n.) 뜀, 도약(leap-leapt-leapt)	li:p	리잎
lie	눕다, 놓여 있다(lie-lay-lain)	lai	라이
assume	추정하다, 생각하다, ~인 척하다	əsu:m	어**쑴**
abbreviate	(단어/구 등을) 줄여 쓰다	əbri:vieit	어브**리**비에잇
display	진열, 전시, (v.) 전시하다, 나타내다, 드러내다	displei	디스플레이

Chunk set 76 ▸▸

단어	뜻	발음기호	한글발음
object	물건, 물체, 목표, (v.) 반대하다	abdʒikt / (v.) əbdʒekt	**아브**젝트 / (v.) 어브**젝**트
lick	핥다, 날름거리다	lik	릭
skip	건너뛰다, (식사를) 거르다	skip	스킵
yawn	하품하다, 지루하게 만들다	jɔːn	욘
gossip	잡담, 부질없는 세상 이야기, 험담	gasəp	**가**씹

Korea

단어	뜻	발음기호	한글발음
row	열, 줄, (v.) 배를 젓다	rou	로우
absurd	어리석은, 터무니없는, 불리한	æbsəːrd	어브**써**드
generalize	일반화하다, 보편화하다	dʒenərəlaiz	**제**너럴라이즈
survive	살아남다, ~보다 오래 살다	sərvaiv	써**바**이브
vacant	빈, 공허한, 없는	veikənt	**베**이컨트

단어	뜻	발음기호	한글발음
misunderstand	오해하다	misʌndərstænd	미스언더스**탠**드
dedicate	바치다, 헌납하다	dedikeit	**데디케이**잇
aim	목적, 목표, (v.) 겨누다, 목표 삼다, ~할 작정이다	eim	에임
whereas	~에 반하여	hwɛəræz	훼얼**애**즈
phenomenal	현상의, 놀랄 만한	finamənl	삐**나**머늘

Hawaii — USA

단어	뜻	발음기호	한글발음
flour	밀가루	flauər	쁠**라**우어
crew	승무원, 선원	kru:	크루
among	~의 사이에 (셋 이상)	əmʌŋ	어**멍**
rid	제거하다, 없애다	rid	리드
clothe	~에게 옷을 주다, 덮다	klouð	클로우드

Chunk set 77 ▸▸

단어	뜻	발음기호	한글발음
deal	거래, (v.) 다루다, 처리하다(deal-dealt-dealt)	di:l	디일
flavor	향기, 맛	fleivər	쁠레이버
await	기다리다(=wait for, 타동사)	əweit	어웨일
salute	인사하다, 경례하다	səlu:t	썰루트
tune	곡조, 멜로디, (v.) 조율하다	tju:n	튠

Korea

evergreen	상록수	evərgri:n	에버그린
afford	~할 여유가 있다, ~을 살 돈이 있다	əfɔ:rd	어뽀드
rather	꽤, 다소, 오히려	ræðər	래더
ailment	병, 질병	eilmənt	에일먼트
intention	의도, 목적	intenʃən	인텐션

단어	뜻	발음기호	한글발음
infrasound	초저주파 불가청음	infrəsaund	인쁘러싸운드
rapid	빠른, 급속한	ræpid	래피드
abandon	버리다, 포기하다, 그만두다	əbændən	어밴던
gene	유전자	dʒi:n	쥐인
fragment	파편, 부서진 조각	frægmənt	쁘래그먼트

Hawaii ──────────────────────── **USA**

sorrow	슬픔, 비탄	sarou	싸로우
potable	마시기에 적합한	poutəbl	포우터블
urgent	긴급한, 절박한	ə:rdʒənt	어전트
pitch	던지다, (n.) 음의 높낮이	pitʃ	피취
peculiar	기묘한, 특별한	pikju:ljər	피큘러

Chunk set 78 ▸▸

단어	뜻	발음기호	한글발음
deliver	배달하다, 넘겨주다, (연설/설교 등을) 하다	dilivər	딜**리**버
revere	존경하다, 숭배하다	riviər	리**뷔**어
watchful	주의 깊은, 경계를 하는	waʧfəl	**와**취뿔
locate	~에 위치시키다, ~의 위치를 찾다	loukeit	**로**우케잇트
certify	증명하다, 보증하다	sə:rtəfai	**써**티빠이

Korea

단어	뜻	발음기호	한글발음
eternal	영원한, 끝없는	itə:rnəl	이**터**널
shine	빛나다(shine-shone-shone)	ʃain	**샤**인
region	지역, 지방, 범위, 분야	ri:dʒən	**리**젼
insist	주장하다, 고집하다	insist	인**씨**스트
section	절단, 구분, 구역	sekʃən	**쎅**션

단어	뜻	발음기호	한글발음
civil	시민의, 문명의	sivəl	씨빌
curly	곱슬곱슬한	kə:rli	컬리
barbaric	야만의, 미개한	ba:rbærik	바배릭
peak	꼭대기, 봉우리, 최고점	pi:k	픽크
live	살다	liv	리브

Hawaii ─────────────────────────── USA

단어	뜻	발음기호	한글발음
deny	부정하다, 부인하다	dinai	디나이
priest	성직자	pri:st	프리스트
outlast	~보다 더 오래가다	autlæst	아웃래쓰트
delude	속이다, 현혹하다	dilu:d	딜루드
prejudice	선입관, 편견, (v.) 편견을 갖게 하다	predʒudis	프레쥬디쓰

Chunk set 79 ▸▸

단어	뜻	발음기호	한글발음
centennial	100년마다의, 100년간의	senteniəl	쎈**테**니얼
coward	겁쟁이, (adj.) 겁 많은	kauərd	**카**우워드
affirmative	긍정적인, 확언적인	əfəːrmətiv	어**뻐**머티브
dye	염료, (v.) 물감 염색하다	dai	다이
neutral	중립의, 중립국의	njuːtrəl	**뉴**트럴

Korea

단어	뜻	발음기호	한글발음
barren	불모의, 메마른	bærən	**배**런
precise	정확한, 정밀한	prisais	프리**싸**이스
torture	고문, 심한 고통	tɔːrʧər	**토**쳐
squash	과즙, 음료, (v.) 짓누르다, 으깨다	skwaʃ	스쿼쉬
gust	질풍, 돌풍	gʌst	거스트

단어	뜻	발음기호	한글발음
decorate	장식하다, 꾸미다	dekəreit	데커레잇트
incorporate	통합하다, 합체하다	inkɔːrpəreit	인코퍼레잇트
gill	아가미	gil	기을
meal	식사, 식사 한 끼(분)	miːl	미일
mention	언급하다, 말하다	menʃən	멘션

Hawaii ————————————————————————— USA

단어	뜻	발음기호	한글발음
stationary	움직이지 않는, 고정시켜 놓은	steiʃəneri	스테이셔너리
correct	정정하다, 바로잡다, (adj.) 올바른	kərekt	커렉트
potential	가능성 있는, 잠재하는	pətenʃəl	퍼텐셜
requisite	필수품, 필수조건, (adj.) 필요한, 필수의	rekwəzit	레쿼짓트
monarchy	군주정치	manərki	마너키

Chunk set 80 ▸▸

단어	뜻	발음기호	한글발음
treaty	조약, 협정	tri:ti	트리티
source	근원, 원천, 출처	sɔːrs	쏘스
flourish	번창하다, 잘 자라다	fləːriʃ	쁠러리쉬
bliss	행복	blis	블리쓰
actually	실제로, 실은	ækʧuəli	액츄얼리

Korea

단어	뜻	발음기호	한글발음
banish	추방하다, 내쫓다	bæniʃ	배니쉬
novel	소설, (adj.) 진기한, 새로운	navəl	나블
transparent	투명한, 비치는	trænspɛərənt	트랜스페어런트
amaze	(대단히) 놀라게 하다	əmeiz	어메이즈
steer	~의 키를 잡다, 조종하다	stiər	스티어

단어	뜻	발음기호	한글발음
shrug	어깨를 으쓱하다	ʃrʌg	슈러그
bright	빛나는, 밝은, 영리한	brait	브라잇트
somehow	어떻게든지 해서	sʌmhau	썸하우
fellow	친구, 녀석	felou	뻴로우
proverb	속담, 격언	pravə:rb	프라버브

Hawaii ──────────────────────────────── USA

단어	뜻	발음기호	한글발음
violation	위반, 침해	vaiəleiʃən	바이얼레이션
designate	가리키다, 지적하다	dezigneit	데지그네잇
settle	놓다, 자리잡다, 정착하다, 해결하다	setl	쎄틀
ordinary	보통의, 평범한	ɔ:rdəneri	오디너리
encyclopedia	백과사전	insaikləpi:diə	인싸이클러피디어

Chunk set 81 ▸▸

단어	뜻	발음기호	한글발음
versus	~대	vəːrsəs	버써쓰
halt	정지, (v.) 정지하다	hɔːlt	홀트
grab	붙들다, 움켜쥐다	græb	그랩
character	성격, 등장인물, 문자	kæriktər	캐릭터
gradual	점진적인, 점차적인	grædʒuəl	그래쥬얼

Korea

단어	뜻	발음기호	한글발음
conclude	끝내다, 결말짓다, 결론 내다	kənkluːd	컨클루드
prove	입증하다, ~으로 판명되다(prove-proved-proven)	pruːv	프루브
fume	연기, 증기	fjuːm	뿜
hierarchy	계급제도, 계급조직	haiəraːrki	하이어라키
literal	글자 그대로의	litərəl	리터럴

단어	뜻	발음기호	한글발음
verge	가장자리, 경계	vəːrdʒ	버쥐
apt	~하기 쉬운, ~하는 경향이 있는	æpt	앱트
conceited	자부심이 강한, 자만하는	kənsiːtid	컨씨티드
consent	동의하다, 허가하다	kənsent	컨쎈트
aside	한쪽으로, 따로	əsaid	어싸이드

Hawaii   USA

단어	뜻	발음기호	한글발음
antipathy	반감, 혐오, 악감정	æntipəθi	앤티퍼씨
dump	쓰레기를 내버리다	dʌmp	덤프
passion	열정, 격정	pæʃən	패션
acid	산성의, 신, (n.) 산, 신 것	æsid	애씨드
animate	~에 생명을 주다, 생기 있게 하다	ænəmeit	애너메잇

Chunk set 82 ▸▸

단어	뜻	발음기호	한글발음
serious	진지한, 심각한	siəriəs	**씨**어리어쓰
Aboriginal	호주 원주민의	æbəridʒənl	애버**리**져널
role	역할, 할 일, 배역	roul	로울
cause	원인, 이유	kɔ:z	코즈
mature	성숙한, 익은	mətjuər	머**츄**어

Korea

applaud	박수갈채를 보내다, 칭찬하다	əplɔ:d	어플**로**드
enhance	높이다, 향상시키다	inhæns	인**핸**스
withhold	억누르다, 억제하다, 보류하다	wiðhould	위드**호**울드
ability	능력	əbiləti	어**빌**러티
casualty	사상자, 부상자, 사고	kæʒuəlti	**캐**쥬얼티

단어	뜻	발음기호	한글발음
acquire	얻다, 획득하다	əkwaiər	어콰이어
increase	증가, (v.) 증가하다, 늘리다	inkri:s	인크리스 / (v.) 인크리스
anatomy	분해, 해부, 해부학	ənætəmi	어내터미
toll	통행세, 사용료	toul	토울
Atlantic	대서양	ætlæntik	애틀랜틱

Hawaii — USA

단어	뜻	발음기호	한글발음
suspend	매달다, 중지시키다	səspend	써스펜드
cart	짐마차, 손수레	ka:rt	카트
agenda	협의사항, 안건, 의제	ədʒendə	어젠더
traitor	반역자, 배신자	treitər	트레이터
nurture	영양을 공급하다, 키우다, 양육하다	nə:rʧər	너쳐

Chunk set 83 ▸▸

단어	뜻	발음기호	한글발음
bronze	청동, 청동제품	branz	브론즈
scholar	학자, 장학생	skalər	스**칼**라
resist	저항하다, 반대하다	rizist	리**지**스트
detach	떼어내다, 분리시키다	ditætʃ	디**태**취
arise	일어나다, 발생하다(arise-arose-arisen)	əraiz	어**라**이즈

Korea

단어	뜻	발음기호	한글발음
temporary	일시적인, 임시의	tempəreri	**템**퍼러리
highly	매우	haili	**하**일리
marvel	경이, 놀라운 일, (v.) 놀라다, 경탄하다	ma:rvəl	**마**블
euthanasia	안락사	ju:θəneiʒə	유써**네**이져
homage	경의, 존경	hamidʒ	**하**미쥐

단어	뜻	발음기호	한글발음
bystander	방관자, 구경꾼	baistændə	**바**이스**탠**더
cultivate	경작하다, 기르다	kʌltəveit	**컬**티베잇트
nowadays	오늘날에는	nauədeiz	**나**우어**데**이즈
precipitation	강수량	prisipəteiʃən	프리씨퍼**테**이션
medical	의학의	medikəl	**메**디컬

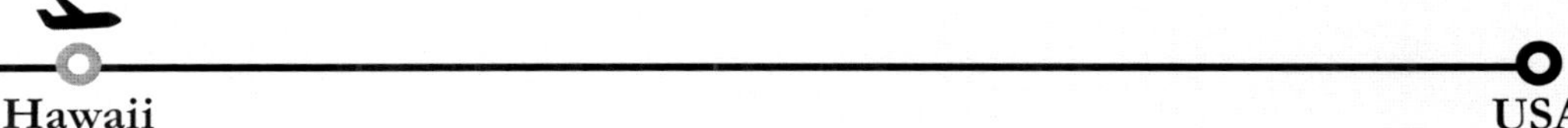

단어	뜻	발음기호	한글발음
detect	발견하다, 간파하다, 탐지하다	ditekt	디**텍**트
shallow	얕은, 깊이가 없는, 천박한	ʃælou	**쉘**로우
incentive	자극, 동기, 포상금	insentiv	인**쎈**티브
accompany	동행하다, 동반하다	əkʌmpəni	어**컴**퍼니
lifelong	일생의, 평생의	laiflɔːŋ	**라**이쁘롱

Chunk set 84 ▸▸

단어	뜻	발음기호	한글발음
dimension	치수, 차원, 넓이, 용적	dimenʃən	다이**멘**션
scratch	긁힌 상처, (v.) 긁다, 할퀴다	skrætʃ	스크래취
celebrate	축하하다, 기념하다	seləbreit	**쎌**러브레잇트
rehabilitate	정상생활에 복귀시키다, 복직시키다	ri:həbiləteit	리허**빌**러테잇트
altruism	이타주의, 이타심	æltruizəm	**앨**트루이점

Korea

단어	뜻	발음기호	한글발음
pursue	뒤쫓다, 추구하다	pərsu:	퍼**쑤**
contract	(질병 등이) 걸리다, 계약하다, 수축시키다 , (n.) 계약	kəntrækt / (n.) kantrækt	컨트**렉**트 / (n.) **칸**트렉트
random	되는 대로의, 임의의, 무작위의	rændəm	**랜**덤
autograph	자필, 서명	ɔ:təgræf	**오**터그래쁘
habitat	서식지, 주거지	hæbitæt	**해**비탯트

단어	뜻	발음기호	한글발음
deserve	~할 가치가 있다, ~받을 만하다	dizə:rv	디져브
exist	존재하다, 생존하다	igzist	이그지스트
strenuous	분투적인, 열심인, 힘든	strenjuəs	스트레뉴어쓰
due	지급 기일이 된, 만기가 된, 적정한	dju:	듀
hoop	테, 굴렁쇠, 링	hu:p	후프

Hawaii   USA

단어	뜻	발음기호	한글발음
fit	~에 알맞다, 치수 등이 맞다(fit-fit-fit)	fit	삣
speedometer	속도계(speed-sped-sped)	spidamitər	스피다미터
devoid	~이 빠진, 결여된, ~이 전혀 없는	divɔid	디보이드
alive	살아있는, 생생한	əlaiv	얼라이브
dialect	방언, 사투리	daiəlekt	다이어렉트

Chunk set 85 ▸▸

단어	뜻	발음기호	한글발음
negative	부정적인	negətiv	네거티브
annihilate	전멸시키다, 붕괴시키다	ənaiəleit	어나이얼레잇트
royal	왕의, 왕실의	rɔiəl	로이얼
affluent	풍부한, 유복한	æfluənt	애쁠루언트
riddle	수수께끼, 난문	ridl	리들

Korea

단어	뜻	발음기호	한글발음
disguise	변장, 은폐, (v.) 변장시키다, 위장하다, 숨기다	disgaiz	디스카이즈
desert	사막 / (v.) 버리다	dezərt / (v.) dizə:rt	데저트 / (v.) 디저어트
compound	혼합물, 화합물	kampaund	캄파운드
foe	적, 원수	fou	뽀우
promising	가망 있는, 유망한	pramisiŋ	프라미씽

단어	뜻	발음기호	한글발음
lest	~하지 않게, ~하지 않도록	lest	레스트
nod	머리를 끄덕이다, 끄덕하고 인사하다	nad	나드
toward	~ 쪽으로, ~을 향하여	tɔ:rd, təwɔ:d	**터워드**
hesitation	주저, 망설임	hezəteiʃən	헤저**테이**션
sumptuous	고가의, 사치스러운, 호화로운	sʌmpʧuəs	**썸**프츄어쓰

Hawaii   USA

단어	뜻	발음기호	한글발음
dispatch	급송하다, 급파하다	dispæʧ	디스**패**취
mob	폭도, 군중, 집단	mab	맙
offspring	자식, 자손	ɔ:fspriŋ	**오**쁘스프링
survey	조사, (v.) 조사하다	sərvei	**써**베이 / (v.) 써**베**이
instinct	본능	instiŋkt	**인**쓰팅트

Chunk set 86 ▶▶

단어	뜻	발음기호	한글발음
undergo	(검열/수술 등을) 받다, 겪다	ʌndərgou	언더**고우**
surge	큰 파도, 급증, (v.) 파도처럼 밀려오다, 밀어닥치다	sə:rdʒ	써쥐
insure	보험에 들다, 보증하다	inʃuər	인**슈**어
genuine	진짜의, 참된	dʒenjuin	**제뉴**인
ideal	이상, 관념, (adj.) 이상적인	aidi:əl	아이**디**얼

Korea

frame	뼈대, 구조, 틀	freim	쁘레임
livelihood	살림, 생계	laivlihud	**라**이블리후드
agent	대리인, 대행자	eidʒənt	**에**이젼트
output	생산, 생산고, 출력	autput	**아**웃풋
scorn	경멸, (v.) 경멸하다, 조소하다	skɔ:rn	스콘

단어	뜻	발음기호	한글발음
thigh	허벅지	θai	싸이
vehicle	차량, 운송수단	vi:ikl	비이클
idol	우상	aidl	아이덜
collaborate	공동으로 하다, 협력하다	kəlæbəreit	컬래버레잇
vote	투표, (v.) 투표하다	vout	보웃트

Hawaii ✈ ————————————————————— USA

단어	뜻	발음기호	한글발음
coerce	강요하다, 강제하다	kouə:rs	코우어쓰
issue	문제, 논점, 발행물, (v.) 출판/발행하다	iʃu:	이슈
approximate	~에 가까워지다, 근접하다, (adj.) 대략의	əpraksəmeit / (adj.) əpraksəmət	어프락써메잇트 / (adj.) 어프락써멋
belly	배, 복부	beli	벨리
tend	~하는 경향이 있다, ~을 돌보다	tend	텐드

Chunk set 87 ▸▸

단어	뜻	발음기호	한글발음
stab	찌르다, 찔러 죽이다	stæb	스탭
theory	이론, 학설	θiːəri	씨어리
pregnancy	임신	pregnənsi	프레그넌씨
capacity	능력, 용적, 용량, 수용력	kəpæsəti	커팻써티
adolescence	청년기, 사춘기	ædəlesns	애덜레쓴스

Korea

glue	접착제, 아교	gluː	글루
crater	분화구	kreitər	크레이터
tender	부드러운, 연한, 다정다감한	tendər	텐더
pot	항아리, 단지	pat	팟
bride	신부	braid	브라이드

단어	뜻	발음기호	한글발음
little	거의 없는 (불가산 명사에 쓰임)	litl	리틀
alert	경보, 경계, (adj.) 방심 않는, 경계하는	ələ:rt	얼러트
sue	고소하다, 소송을 제기하다	su:	쑤
agony	심한 고통, 번뇌, 고민	ægəni	애거니
closely	가까이, 주의 깊게	klousli	클로우슬리

Hawaii ———————————————————————————————— USA

단어	뜻	발음기호	한글발음
architecture	건축(술), 건축학	a:rkitekʧər	아키텍쳐
tickle	간지럽게 하다,	tikl	틱클
persevere	인내하다, 견디어내다	pə:rsəviər	퍼씨비어
surmise	짐작, 추측, (v.) 추측하다, 짐작하다	sərmaiz	써마이즈 / (v.) 써마이즈
consist	구성되다, 일치하다	kənsist	컨씨스트

단어	뜻	발음기호	한글발음
describe	묘사하다, 기술하다, 설명하다	diskraib	디스크**라**이브
burden	무거운 짐, 부담, 책임	bə:rdn	**버**든
cosmos	우주, 코스모스	kazməs	**카**즈머쓰
imitate	모방하다, 모조하다	iməteit	**이**미테잇
afresh	새로이, 다시	əfreʃ	어쁘**레**쉬

Korea

단어	뜻	발음기호	한글발음
prevent	막다, 방해하다, 예방하다	privent	프리**벤**트
meditate	숙고하다, 명상하다	medəteit	**메**디테잇
broad	폭넓은, 포괄적인	brɔ:d	브로드
outrun	뛰어 앞지르다	autrʌn	아웃**런**
oval	달걀꼴의, 타원형의	ouvəl	**오**우벌

단어	뜻	발음기호	한글발음
retreat	퇴각, 후퇴, (v.) 물러서다, 후퇴하다	ritri:t	리트리트
hideous	무시무시한, 끔찍한	hidiəs	히디어쓰
aspect	국면, 양상, 관점	æspekt	애스펙트
goose	거위(복수: geese 기쓰)	gu:s	구스
drift	표류하다, 떠가다	drift	드리쁘트

Hawaii — USA

단어	뜻	발음기호	한글발음
volunteer	지원자, 자원봉사자, (v.) 자진하여 ~하다	valəntiər	발런티어
vulgar	저속한, 통속적인	vʌlgər	벌거
maid	하녀, 소녀	meid	메이드
foster	조장하다, 육성하다, 기르다	fɔ:stər	뽀스터
petal	꽃잎	petəl	페틀

Chunk set 89 ▸▸

단어	뜻	발음기호	한글발음
elementary	기초의, 초보의, 초등학교의	eləmentəri	엘러**멘**터리
legitimate	합법적인, 적법한	lidʒitəmət	리**짓**터멋
allude	암시하다, 시사하다	əlu:d	얼루드
wither	시들다, 말라죽게 하다	wiðər	**위**더
confuse	혼란시키다, 당황하게 하다	kənfju:z	컨**퓨**즈

Korea

단어	뜻	발음기호	한글발음
indeed	참으로, 정말	indi:d	인**디**드
cavity	충치, 움푹 팬 곳	kævəti	**캐**버티
segment	부분, 단편조각	segmənt	**쎄**그먼트
artillery	포, 대포, 포병대	a:rtiləri	아**틸**러리
booth	매점, 전화박스	bu:θ	부쓰

단어	뜻	발음기호	한글발음
military	군대의, (n.) 군대	militeri	**밀리터리**
media	대중매체	mi:diə	**미디어**
disharmony	부조화, 불협화음	disha:rməni	디스**하**머니
fashionable	유행의, 유행하고 있는	fæʃənəbl	**빼**셔너블
disclose	드러내다, 노출시키다, 폭로하다	disklouz	디스클**로**우즈

Hawaii ———————————————————————— **USA**

단어	뜻	발음기호	한글발음
declare	선언하다, 공표하다	diklɛər	디클레어
direction	방향, 지시	direkʃən	디렉션
amnesty	사면	æmnəsti	**앰**너스티
bullet	탄알, 총알	bulit	**불**릿
slight	약간의, 경미한	slait	슬라잇트

Chunk set 90 ▸▸

단어	뜻	발음기호	한글발음
plethora	과다, 과잉	pleθərə	플레써러
leak	누출, 비밀의 누설, (v.) (물/공기 등이) 새다	li:k	리익크
drip	물방울, (v.) 액체가 뚝뚝 떨어지다	drip	드립
accentuate	강조하다, 두드러지게 하다	æksenʧueit	액**쎈츄**에잇
scarce	부족한, 드문	skɛərs	쓰케어스

Korea

단어	뜻	발음기호	한글발음
bear	곰, (v.) 낳다, 견디다(bear-bore-born)	bɛər	베어
transform	변형시키다, 전환하다, 바꾸다	trænsfɔ:rm	트랜쓰**뽐**
abstain	(투표에서) 기권하다	əbstein	업스테인
disrespectful	실례가 되는, 무례한, 경시하는	disrispektfl	디스리스**펙트**뿔
weep	슬퍼하다, 울다(weep-wept-wept)	wi:p	위프

단어	뜻	발음기호	한글발음
allergy	알레르기	ælərdʒi	**앨**러쥐
practicable	실행할 수 있는	præktikəbl	프랙티커블
spire	나선, 소용돌이 모양	spaiər	스**파**이어
limp	절뚝거리다	limp	림
tempo	속도, 박자	tempou	**템**포우

Hawaii ———————————————————————— USA

단어	뜻	발음기호	한글발음
disinterested	사심 없는, 청렴한	disintərestid	디스**인**터레스트
breakdown	고장, 파손, 붕괴	breikdaʊn	브**레**익크다운
modern	현대의, 근대의	madərn	**마**던
variety	다양성, 변화	vəraiəti	버**라**이엇티
concrete	형태가 있는, 구체적인, 굳어진	kankri:t	**칸**크리트

TOUCH VOCA

Chunk set 91 ▸▸

단어	뜻	발음기호	한글발음
paragraph	절, 단락, 짧은 기사	pærəgræf	패러그래쁘
application	지원(서), 적용, 응용	æplikeiʃn	애플리케이션
ambassador	대사	æmbæsədə(r)	앰배서더
lawn	잔디, 잔디밭	lɔ:n	론
tip	끝, 첨단, 유익한, 조언, (v.) 쓰러트리다	tip	팁

Korea

단어	뜻	발음기호	한글발음
recess	휴식, 휴정, 휴회	rises, ri:səs	리쎄쓰
provide	주다, 제공하다	prəvaid	프러바이드
vast	엄청난, 막대한, 거대한	væst	배스트
apologize	사과하다	əpa:lədʒaiz	어팔러좌이즈
offer	제안, 제공, (v.) 제공하다, 제안하다	ɔ:fər	오뻐

단어	뜻	발음기호	한글발음
junior	손아래의, 하급의, (n.) 연소자, 후배	dʒuːnjər	**쥬니어**
upset	전복, 화남, (v.) 뒤엎다, 화가 나게 하다(upset-upset-upset)	ʌpset	**업셋**
lay	놓다, 눕히다, 알을 낳다(lay-laid-laid)	lei	**레이**
autobiography	자서전	ɔːtəbaiaːgrəfi	오터바이**아**그러삐
astonish	깜짝 놀라게 하다	əstaniʃ	어스**토**니쉬

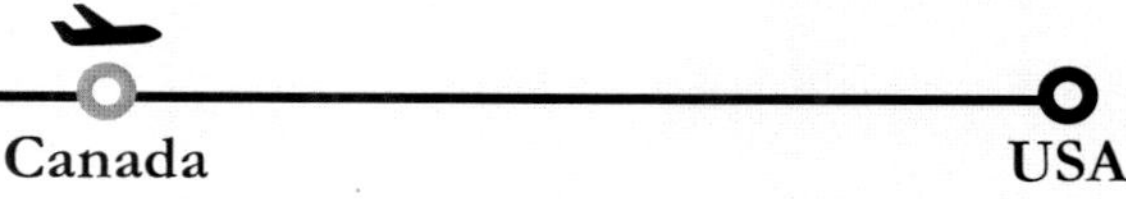

단어	뜻	발음기호	한글발음
effort	노력, 분투	efərt	**에**뻣트
shortage	부족, 결핍	ʃɔːrtidʒ	**쇼**티쥐
determine	결심하다, 결정하다	ditəːrmin	디**터**민
bait	미끼, 유혹, (v.) 유혹하다	beit	**베**잇트
dusky	어둑어둑한	dʌski	**더**스키

Chunk set 92 ▸▸

단어	뜻	발음기호	한글발음
flattery	아첨, 아부	flætəri	쁠래터리
sit	앉다(sit-sat-sat)	sit	씻
glacier	빙하	gleiʃər	글레이셔
context	문맥, 문장의 전후관계	kantekst	칸텍쓰트
motto	좌우명, 금언	matou	모토우

Korea

단어	뜻	발음기호	한글발음
latitude	위도	lætətju:d	래터튜드
jewel	보석, 장신구	dʒu:əl	쥬얼
affirm	단언하다, 확언하다	əfə:rm	어뻠
bribe	뇌물, (v.) 뇌물로 매수하다	braib	브라이브
aeronautics	항공술, 항공학	ɛərənɔ:tiks	에어러노틱쓰

단어	뜻	발음기호	한글발음
inflation	부풀림, 통화팽창, 물가폭등	infleiʃən	인쁠레이션
equivalent	동등한, 대등한	ikwivələnt	이퀴벌런트
apparent	분명한, 명백한	əpærənt	어패런트
fluid	유동체	flu:id	쁠루이드
errand	심부름	erənd	에런드

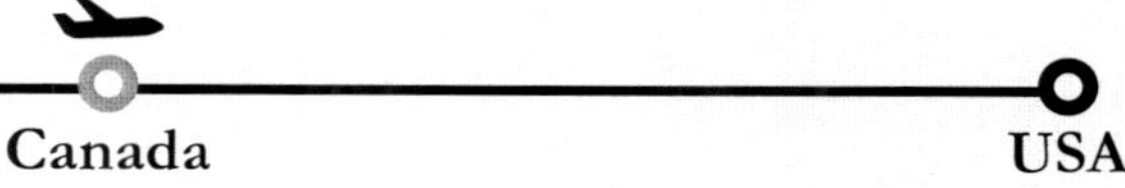

단어	뜻	발음기호	한글발음
minor	덜 중요한, 보다 작은, 소수의, (n.) 미성년자	mainər	마이너
sleep	잠, (v.) 잠자다(sleep-slept-slept)	sli:p	슬립
boom	쿵 하고 울리는 소리, 급격한 증가	bu:m	붐
sneeze	재채기하다	sni:z	스니즈
domestic	가정의, 가사의, 집안의, 국내의	dəmestik	더메스틱

Chunk set 93 ▸▸

단어	뜻	발음기호	한글발음
medieval	중세의, 중세풍의	mi:dii:vəl	미디벌
aircraft	항공기	ɛərkræf	에어크래쁘트
discard	버리다, 해고하다	diska:rd	디스카드
discipline	규율, 훈련, (v.) 훈련하다, 제재를 가하다	disəplin	디써플린
frugal	부족한, 절약하는	fru:gəl	쁘루걸

Korea

단어	뜻	발음기호	한글발음
pistol	권총, 피스톨	pistəl	피스톨
pretend	~인 체하다, 가장하다	pritend	프리텐드
sting	찌름, 자극, (v.) (곤충/식물 등이) 찌르다, 쏘다(sting-stung-stung)	stiŋ	스팅
anniversary	기념일	ænəvə:rsəri	애너버써리
implore	탄원하다, 간청하다	implɔ:r	임플로어

단어	뜻	발음기호	한글발음
gigantic	거인 같은, 거대한	dʒaigæntik	자이**갠**틱
foam	거품, (v.) 거품이 일다	foum	뽀움
childish	어린애 같은, 유치한	ʧaildiʃ	**촤**일디쉬
bump	충돌, 혹, (v.) 부딪히다	bʌmp	범프
blizzard	눈보라	blizərd	블**리**져드

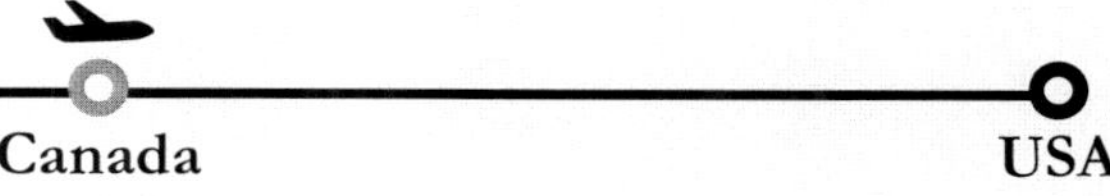

단어	뜻	발음기호	한글발음
plead	탄원하다, 변호하다	pli:d	플리이드
merely	단지, 그저, 다만	miərli	**미**얼리
simplify	단순화하다	simpləfai	**씸**플리빠이
beforehand	미리, 벌써	bifɔ:rhænd	비**뽀**핸드
torch	횃불	tɔ:rʧ	토취

Chunk set 94 ▸▸

단어	뜻	발음기호	한글발음
radiation	복사, 방사	reidieiʃən	레이디**에**이션
myth	신화, 전설	miθ	미쓰
mirage	신기루, 망상	mira:ʒ	미라쥐
crane	학, 왜가리	krein	크레인
wipe	닦다, 씻다	waip	와이프

Korea

단어	뜻	발음기호	한글발음
auction	경매, (v.) 경매하다	ɔ:kʃən	옥션
register	등록하다, 기재하다	redʒistər	레쥐스터
vogue	유행, 성행, 인기	voug	보우그
volcano	화산, 분화구	valkeinou	벌케이노우
ecosystem	생태계	e:kousistəm	에코우씨스텀

단어	뜻	발음기호	한글발음
smother	숨막히게 하다, 질식시키다	smʌðər	스머더
reform	개정하다, 개선하다, 수정하다	rifɔ:rm	리뽐
blast	폭발	blæst	블래스트
heal	고치다, 낫게 하다	hi:l	히일
overseas	해외의, 국외의, 해외로	ouvərsi:z	오우버씨즈

단어	뜻	발음기호	한글발음
replace	제자리에 놓다, ~에 대신하다, 바꾸다	ripleis	리플레이쓰
recipe	조리법, 요리법	resəpi	레써피
organ	기관, 장기, 오르간	ɔ:rgən	오건
mean	의미하다, ~할 작정이다, (adj.) 비열한(mean-meant-meant)	mi:n	미인
drug	약, 마약	drʌg	드러그

Chunk set 95 ▶▶

단어	뜻	발음기호	한글발음
tag	꼬리표, 가격표	tæg	태그
blaze	불꽃, 불길, 화재	bleiz	블레이즈
wag	(꼬리 등을) 흔들다, 흔들어 움직이다	wæg	왜그
legislate	법을 제정하다	ledʒisleit	레지스레이트
garage	차고	gəra:dʒ	개라쥐

Korea

단어	뜻	발음기호	한글발음
goods	물건, 상품	gudz	구즈
frequent	자주 일어나는, 빈번한	fri:kwənt	쁘리퀀트
monologue	독백	manəlɔ:g	마널로그
ventilation	통풍, 환기	ventəleiʃən	벤털레이션
prevail	이기다, 우세하다, 보급되다, 유행하다	priveil	프리베일

단어	뜻	발음기호	한글발음
greenery	푸른 잎, 푸른 나무	griːnəri	그리너리
blink	(눈을) 깜빡이다, (불빛 등이) 깜빡거리다	blɪŋk	블링크
dynamic	동력의, 역동적인	dainæmik	다이내믹
definite	한정된, 명확한, 뚜렷한	defənit	데뻐닛
steady	확고한, 안정된	stedi	스테디

단어	뜻	발음기호	한글발음
statistics	통계, 통계학	stətistiks	스터티스틱스
verbal	말의, 구두의	vəːrbəl	버벌
staff	직원, 간부	stæf	스태쁘
cue	신호, 암시, (v.) ~에게 신호를 보내다	kjuː	큐
intersect	가로지르다, 횡단하다	intərsekt	인터쎅트

Chunk set 96 ▸▸

단어	뜻	발음기호	한글발음
profit	이익, 이득	prafit	프라삣
dose	1회 복용량	dous	도우즈
panic	공포, (adj.) 당황케 하는	pænik	패닉
county	주, 군, 주민	kaunti	카운티
tyrannical	전제군주적인, 무도한, 포악한	tirænikəl	티래니컬

Korea

plausible	그럴듯한, 정말 같은	plɔ:zəbl	플로져블
smear	(기름 등을) 칠하다	smiər	스미어
gallery	미술관, 화랑, 관중	gæləri	갤러리
borrow	빌리다, 차용하다	barou	바로우
emphasize	강조하다	emfəsaiz	엠뻐사이즈

단어	뜻	발음기호	한글발음
virtue	선행, 미덕, 장점	və:rʧu:	**버추**
article	기사, 물품	a:rtikl	**아티클**
adjust	조절하다, 조정하다, 순응시키다	ədʒʌst	어드**져스트**
feed	먹이, (v.) 먹이를 주다(feed-fed-fed)	fi:d	**삐드**
depict	묘사하다, 서술하다	dipikt	디**픽트**

Canada   USA

단어	뜻	발음기호	한글발음
vinegar	식초	vinəgər	**비니거**
enact	행하다, 일어나다	inækt	인**액트**
scar	상처, 흉터	ska:r	**스카**
mode	방법, 양식, 유행	moud	**모우드**
affect	~에 영향을 미치다	əfekt	어**삑트**

Chunk set 97 ▸▸

단어	뜻	발음기호	한글발음
stumble	발부리가 걸리다, 걸려 넘어지다	stʌmbl	스텀블
industry	산업, 근면	indəstri	인더쓰트리
involve	포함하다, 연루시키다	invalv	인볼브
pressure	압력, 압박	preʃər	프레셔
rove	방랑, 유랑, (v.) 헤매다, 배회하다	rouv	로우브

Korea

단어	뜻	발음기호	한글발음
apron	앞치마	eiprən	에이프런
improve	향상시키다, 진보시키다	impru:v	임프루브
awake	깨어 있는, (v.) 깨다, 깨우다(awake-awoke-awoken)	əweik	어웨익크
retire	은퇴하다, 퇴직하다	ritaiər	리타이어
breathe	호흡하다, 숨쉬다	bri:ð	브리드

단어	뜻	발음기호	한글발음
arrive	도착하다	əraiv	어라이브
operate	수술하다, (기계 등을) 작동시키다	apəreit	**아**퍼레잇트
weird	신비스러운, 이상한, 기묘한	wiərd	위어드
constrain	강제하다, 억누르다	kənstrein	컨스트레인
fable	우화, 전설	feibl	**삐**이블

단어	뜻	발음기호	한글발음
quality	질, 품질, 특성	kwaləti	**콸**럿티
wretched	비참한, 불쌍한	retʃid	레취트
spice	양념, 향신료	spais	스파이쓰
mindless	부주의한, 염두에 두지 않은	maindlis	**마**인드러쓰
spontaneous	자발적인, 무의식적인	spanteiniəs	스판**테**이니어쓰

Chunk set 98 ▸▸

단어	뜻	발음기호	한글발음
worth	~의 가치가 있는	wəːrθ	워쓰
audible	들을 수 있는, 들리는	ɔːdəbl	오더블
circulate	돌다, 순환하다	səːrkjuleit	써큘레잇트
prairie	대초원, 목초지	prɛəri	프레어리
vague	모호한, 희미한	veig	베이그

Korea

단어	뜻	발음기호	한글발음
vessel	큰 배, 그릇, 용기	vesəl	베썰
famine	기아, 굶주림	fæmin	빼민
incident	사건, 일어난 일	insədənt	인씨던트
climb	오르다, 기어오르다	klaim	클라임
shorthand	속기, (v.) 속기하다	ʃɔːrthænd	쇼트핸드

단어	뜻	발음기호	한글발음
population	인구, 주민	papjuleiʃən	파퓰레이션
morale	사기, 의욕	mərǽl	모랠
mandatory	의무적인, 강제적인, 명령의	mǽndətɔ:ri	**맨**더터리
preach	설교하다, 타이르다, 전도하다	pri:ʧ	프리취
sword	검, 칼	sɔ:rd	쓰오드

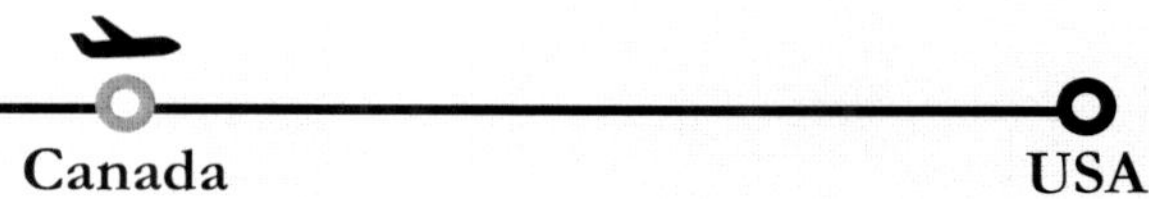

단어	뜻	발음기호	한글발음
aptitude	솜씨, 기능, 소질	ǽptətju:d	**앱**티튜드
bath	목욕	bǽθ	배쓰
dioxide	이산화물	daiaksaid	다이**악**싸이드
pious	경건한, 신앙심이 깊은, 독실한	paiəs	**파**이어쓰
barely	거의 ~ 않다, 간신히, 겨우	bɛərli	**베**얼리

Chunk set 99 ▸▸

단어	뜻	발음기호	한글발음
intricate	얽힌, 복잡한	intrikət	**인트리컷**
pine	소나무	pain	파인
stock	주식, 저장, 가축, (v.) 비축하다	stak	스톡
blunder	큰 실수, 대실책	blʌndər	**블런더**
behold	보다, 바라보다	bihould	비**호**울드

Korea

restrict	제한하다, 한정하다, 금지하다	ristrikt	리스트릭트
solemn	엄숙한, 근엄한	saləm	**쌀**럼
slip	미끄러지다, (n.) 미끄러짐, 과실	slip	슬립
odd	이상한, 기묘한	ad	아드
sustain	떠받치다, 지탱하다, 유지하다	səstein	**써쓰테**인

단어	뜻	발음기호	한글발음
split	쪼개다, 분할하다, 나누다(split-split-split)	split	스플릿
inalienable	양도할 수 없는	ineiljənəbl	인에일려너블
seed	씨, 종자, (v.) 씨를 뿌리다	si:d	씨드
appease	달래다, 만족시키다	əpi:z	어피즈
transfer	옮기다, 갈아타다	trænsfə:r	트랜스뻐

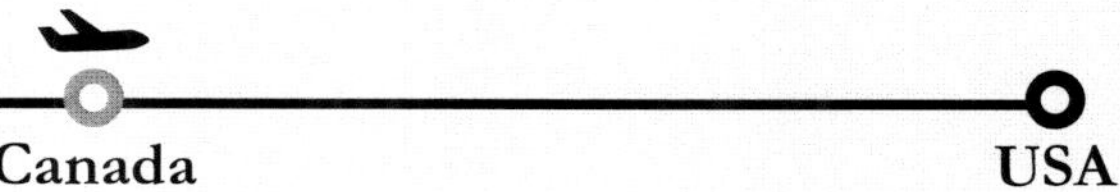

단어	뜻	발음기호	한글발음
fundamental	기본적인, 근본적인, 필수의	fʌndəmentl	뻔더멘틀
emergency	비상사태, 위급	imə:rdʒənsi	이머젼씨
astound	경악시키다	əstaund	어스타운드
thrust	쑤셔 넣다, 밀치다, 찌르다	θrʌst	쓰러스트
sacrifice	희생(물), (v.) 희생시키다	sækrəfais	쌔크러빠이스

Chunk set 100 ▸▸

단어	뜻	발음기호	한글발음
enchant	매혹하다, 요술을 걸다	inʧænt	인챈트
insert	삽입하다, 끼워넣다	insə:rt	인써트
hostage	인질, 볼모	hastidʒ	하스티쥐
repair	수선, (v.) 수선하다, 고치다	ripɛər	리페어
sound	소리, (v.) 소리나다	saund	싸운드

Korea

단어	뜻	발음기호	한글발음
vine	포도나무, 포도덩굴	vain	바인
altogether	다 같이, 함께	ɔ:ltəgeðər	올투게더
nightmare	악몽, 악몽 같은 경험	naitmɛər	나잇트메어
shrink	오그라들다, 움츠러들다(shrink-shrank-shrunk) or (shrink-shrunk/shrunken)	ʃriŋk	쉬링크
extinct	멸종된, 꺼진	ikstiŋkt	익쓰팅트

단어	뜻	발음기호	한글발음
modify	변경하다, 수정하다	madəfai	**마더빠이**
join	결합하다, 참여하다, 가입하다	dʒɔin	죠인
befall	~에게 어떤 일이 일어나다	bifɔ:l	비**뽈**
disgust	싫음, 혐오감, (v.) 넌더리나게 하다	disgʌst	디스**거**쓰트
tenant	소작인, 차용자, 세입자	tenənt	**테**넌트

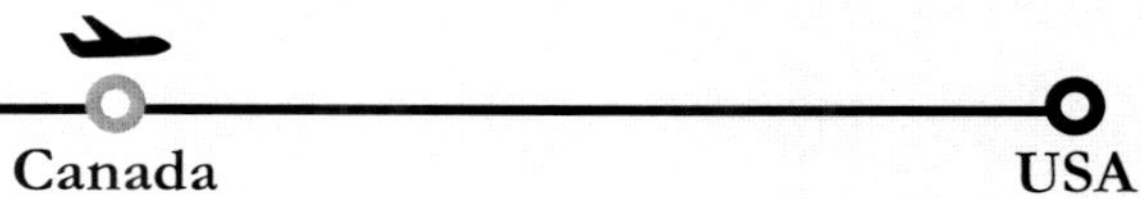

단어	뜻	발음기호	한글발음
prompt	신속한, (v.) 자극하다	prampt	프람프트
suppress	억압하다, 진압하다	səpres	써프레쓰
reveal	드러내다, 폭로하다, 누설하다	rivi:l	리**비**일
paralyze	마비시키다, 무력하게 만들다	pærəlaiz	패럴라이즈
resign	사직하다, 사임하다	rizain	리**자**인

Chunk set 101 ▸▸

단어	뜻	발음기호	한글발음
longitude	경도	landʒətjuːd	**론**져튜드
nectar	과즙	nektər	**넥터**
decease	사망, (v.) 사망하다	disiːs	**디씨스**
fold	접다, 접어 포개다	fould	**뽀**울드
abuse	남용하다, 학대하다	əbjuːz	어**뷰즈**

Korea

opportunity	기회	apərtjuːnəti	아퍼**튜**넛티
insight	통찰력	insait	**인**싸잇트
square	정사각형, 광장	skwɛər	스퀘어
remove	옮기다, 이전하다, 제거하다	rimuːv	리**무브**
repent	후회하다, 뉘우치다, 회개하다	ripent	리**펜트**

단어	뜻	발음기호	한글발음
content	내용물, 목록, (adj.) 만족한	kantent / (adj.) kəntent	**칸**텐트 / (adj.) 컨**텐**트
arctic	북극, (adj.) 북극의	a:rktik	**아**크틱
candidate	후보자, 지원자	kændideit	**캔**디덧트
grant	허가, 인가, (v.) 승인하다, 허가하다	grænt	그**랜**트
expire	만기가 되다, 끝나다	ikspaiər	익쓰**파**이어

Canada — USA

단어	뜻	발음기호	한글발음
monopoly	독점, 전매	mənapəli	머**나**펄리
imply	암시하다, 포함하다	implai	임플**라**이
rational	합리적인, 이성적인	ræʃənl	**래**셔널
inborn	타고난, 선천적인	inbɔ:rn	**인**본
despite	~임에도 불구하고	dispait	디스**파**이트

단어	뜻	발음기호	한글발음
ample	많은, 풍부한	æmpl	앰플
duty	의무, 임무, 세금	dju:ti	듀티
accommodate	숙박시키다, 편의를 도모하다, 수용하다	əkamədeit	어카머데잇트
embed	파묻다, 깊숙이 박다, 새겨내다	imbed	임베드
unchangeable	변하지 않은	ʌnʧeindʒəbl	언췌인져블

Korea

단어	뜻	발음기호	한글발음
choke	질식하다, 숨 막히게 하다	ʧouk	쵸우크
outcome	결과, 성과	autkʌm	아웃컴
accumulate	축적하다, 모으다	əkju:mjuleit	어큐뮬레잇
falter	말을 더듬다, 비틀거리다, 주춤하다	fɔ:ltər	뽈터
arrange	가지런히 하다, 배열하다, 준비하다, 채비하다	əreindʒ	어레인쥐

단어	뜻	발음기호	한글발음
limit	한계, 경계, (v.) 한정하다, 제한하다	limit	리밋
extraordinary	이상한, 보통이 아닌	ikstrɔ:rdəneri	익스트러오디너리
exterminate	근절하다, 박멸하다	ikstə:rməneit	익쓰터미네잇트
vain	헛된, 자만심이 강한, 허영적인	vein	베인
accurate	정확한, 정밀한	ækjərət	애큐릿

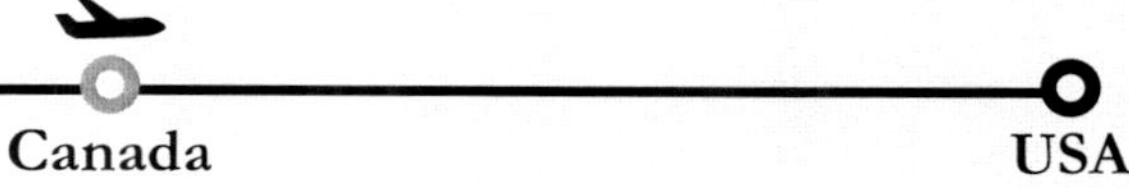

단어	뜻	발음기호	한글발음
kneel	무릎을 꿇다(kneel-knelt-knelt)	ni:l	니일
brave	용감한	breiv	브레이브
study	공부, 서재, (v.) 공부하다	stʌdi	스터디
badly	나쁘게, 몹시 심하게	bædli	배들리
damp	축축한, 습기 찬, (n.) 습기	dæmp	댐프

Chunk set 103 ▸▸

단어	뜻	발음기호	한글발음
fur	모피, (adj.) 모피의	fə:r	뻐
misfire	불발, (v.) 불발되다, 빗나가다	misfaiə	미스**빠**이어
aromatic	향긋한, 향기로운, (n.) 향기로운 것	ærəmætik	애러**매**틱
exclude	제외하다, 배제하다	iksklu:d	익스클루드
ambitious	야심적인	æmbiʃəs	앰**비**셔쓰

Korea

단어	뜻	발음기호	한글발음
oppose	반대하다, 대항하다	əpouz	어**포**우즈
multiply	증가시키다, 늘다	mʌltəplai	**멀**티플라이
anchor	닻, (v.) 정박하다	æŋkər	**앵**커
illumination	조명, 계명	ilu:məneiʃən	이루미**네**이션
contemptuous	경멸적인, 업신여기는	kəntemptʃuəs	컨템프츄어쓰

단어	뜻	발음기호	한글발음
apply	적용하다, 지원하다	əplai	어플**라**이
confine	한정하다, 제한하다, 감금하다	kənfain	컨**빠**인
slim	갸날픈, 호리호리한	slim	슬림
policy	정책, 방침	paləsi	**팔**러씨
monotonous	단조로운, 지루한	mənatənəs	머**나**터너쓰

단어	뜻	발음기호	한글발음
trail	지나간 자국, 흔적, 끌다	treil	트레일
subject	백성, 신하, 주제, 대상, 피실험자, 과목	sʌbdʒikt	써브젝트
woe	비애, 고통, 고뇌	wou	오우
resume	이력서, (v.) 다시 시작하다	rezəmei / (v.) rizu:m	**레쥬**메이 / (v.) 리쥬움
sake	위함, 이익, 목적	seik	쎄익크

Chunk set 104 ▸▸

단어	뜻	발음기호	한글발음
sin	죄, 죄악, 잘못	sin	씬
childlike	어린애다운, 천진난만한	ʧaildlaik	**촤**일드라익크
distribute	분배하다, 배분하다	distribju:t	디쓰트**리**뷰트
grateful	고맙게 여기는, 감사하는	greitfəl	그레잇트**쁠**
visible	눈에 보이는, 명백한	vizəbl	**비**져블

Korea

단어	뜻	발음기호	한글발음
rod	막대, 지팡이	rad	라드
attach	붙이다, 첨부하다	ətæʧ	어**태**취
bill	계산서, 청구서, 요금, 법안, 지폐	bil	빌
education	교육	edʒukeiʃən	에듀**케**이션
extinguish	끄다, 멸종시키다	ikstiŋgwiʃ	익쓰**팅**귀쉬

단어	뜻	발음기호	한글발음
transmit	보내다, 전송하다	trænsmit	트랜쓰미트
counsel	조언, 상담, (v.) 상담하다, 조언하다	kaunsəl	카운슬
protein	단백질(의)	prouti:n	프로우틴
endeavor	노력, (v.) 노력하다	indevər	인데버
phase	현상, 상태, 양상, 국면	feiz	뻬이즈

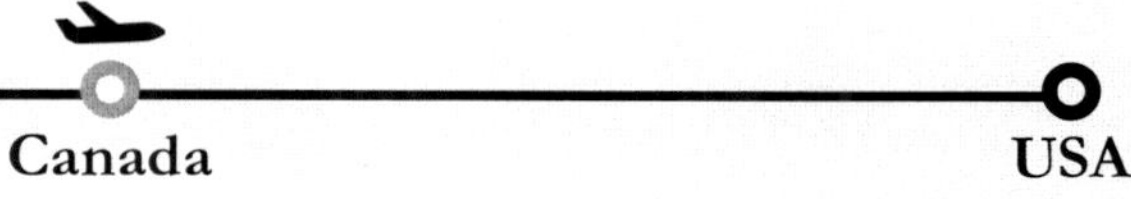

단어	뜻	발음기호	한글발음
mindful	주의 깊은, 마음에 두는	maindfəl	마인드뿔
ashtray	재떨이	æʃtrei	애쉬트레이
explanation	설명, 해석	ekspləneiʃən	엑스플러네이션
inhibit	억제하다, 금지하다	inhibit	인히빗
chronic	만성적인, 고질적인	kranik	크라닉

Chunk set 105 ▸▸

단어	뜻	발음기호	한글발음
dinosaur	공룡	dainəsɔːr	다이너쏘
obsolete	사용되지 않는, 구식의	absəliːt	압썰릿트
permanent	영구적인, 영속하는, 불변의	pəːrmənənt	퍼머넌트
summon	(증인 등을) 소환하다, (오라고) 부르다	sʌmən	써먼
crisis	위기	kraisis	크라이씨스

Korea

단어	뜻	발음기호	한글발음
command	명령, (v.) 명령하다, 지휘하다	kəmænd	커맨드
execute	실행하다, 사형을 집행하다	eksikjuːt	엑씨큐트
timber	목재	timbər	팀버
valid	유효한, 효과적인	vælid	밸리드
scrub	북북 문지르다, 비벼 빨다	skrʌb	스크럽

단어	뜻	발음기호	한글발음
department	부서, 매장, 학부	dipa:rtmənt	디파트먼트
stick	막대기, (v.) 고착시키다, 찌르다(stick-stuck-stuck)	stik	스틱
justice	정의, 공정, 정당	dʒʌstis	져스티쓰
ignoble	비천한, 멸시할 만한	ignoubl	이그노우블
creep	기다, 포복하다(creep-crept-crept)	kri:p	크립

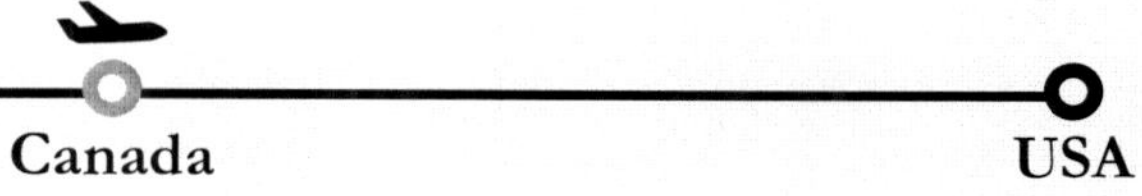

단어	뜻	발음기호	한글발음
match	경기, 시합, 성냥, 경쟁상대, 짝, 조화	mætʃ	매취
mud	진흙	mʌd	머드
toss	던지다, 버리다, 토스하다	tɔ:s	토쓰
fling	내던지다, 내동이치다	fliŋ	쁠링
panel	패널, 토론자단	pænl	패늘

Chunk set 106 ▸▸

단어	뜻	발음기호	한글발음
shrine	성당, 성지	ʃrain	쉬라인
crack	갈라진 틈	kræk	크랙
check	수표, 계산서, (v.) 조사하다	tʃek	첵크
gravity	중력, 인력	grævəti	그래벗티
genre	장르, 유형, 형식	ʒɑːnrə	**쟌러**

Korea

단어	뜻	발음기호	한글발음
swing	그네, (v.) 흔들리다, 진동하다(swing-swung-swung)	swiŋ	스윙
exchange	교환하다	ikstʃeindʒ	익쓰**췌**인쥐
sculpture	조각, 조각품	skʌlptʃər	스**컬**프쳐
digestion	소화	daidʒestʃən	다이**제**스쳔
address	주소, 연설, (v.) 주소를 쓰다, 연설하다	ædres / (v.) ədres	**애**드레쓰 / (v.) 어드레쓰

단어	뜻	발음기호	한글발음
tremendous	거대한, 굉장한, 무서운	trimendəs	트레**멘**더쓰
quit	그만두다, 중지하다, 습관을 버리다(quit-quit-quit)	kwit	큇트
pale	창백한, 희미한	peil	페일
annexation	합병, 병합	ænikseiʃən	애닉**쎄**이션
gear	의복, 기어, 기구, 도구	giər	기어

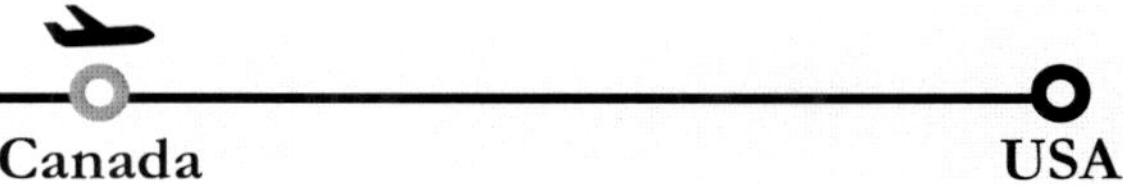

단어	뜻	발음기호	한글발음
ancestor	선조, 조상	ænsestər	앤**쎄**스터
combustible	가연성의, 타기 쉬운	kəmbʌstəbl	컴**버**쓰터블
brag	자랑, 허풍, (v.) 자랑하다	bræg	브래그
revolt	반란, 폭동, (v.) 반란/폭동을 일으키다	rivoult	리**보**울트
imaginative	상상력이 풍부한	imædʒənətiv	이매쥐너티브

Chunk set 107 ▸▸

단어	뜻	발음기호	한글발음
interest	흥미, 관심, 이자, (v.) ~에 흥미를 갖게 하다	intərest	**인터레스트**
bamboo	대나무	bæmbu:	**뱀부**
seal	봉인, 바다표범, (v.) 봉하다	si:l	**씨일**
delight	기쁨, 즐거움, (v.) 매우 기쁘게 하다	dilait	**딜라잇트**
shovel	삽, (v.) 파다, 뜨다	ʃʌvəl	**셔블**

Korea

arms	무기, 병기	a:rmz	암즈
state-of-the-art	최신식의, 최첨단 기술을 사용한	steitəvðia:rt	스테이트 어브 디 아트
suffix	접미사	sʌfiks	써삑쓰
surrender	항복, 인도, (v.) 넘겨주다, 항복하다	sərendər	써렌더
violence	폭력, 폭행	vaiələns	바이얼런쓰

단어	뜻	발음기호	한글발음
casual	우연의, 무심결의, 평상복의	kæʒuəl	**캐쥬얼**
audience	청중, 관중	ɔ:diəns	**오**디언쓰
beside	~옆에	bisaid	비**싸**이드
synchronous	동시의, 동시에 일어나는	siŋkrənəs	**씽**크러너쓰
distinguish	구별하다, 두드러지게 하다	distiŋgwiʃ	디스**팅**귀쉬

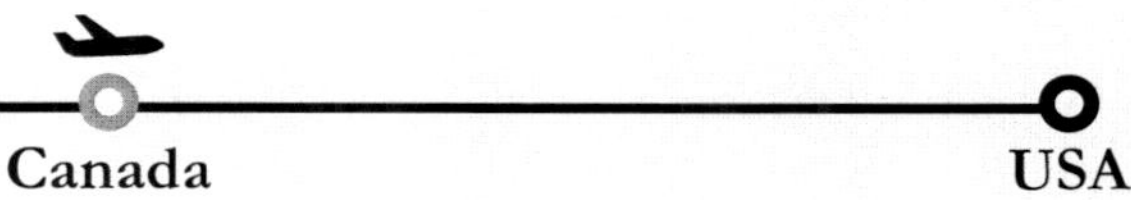

Canada USA

단어	뜻	발음기호	한글발음
curriculum	교과과정, 이수과정	kərikjuləm	커**리**큘럼
narrate	설명하다, 이야기하다	næreit	**내**레잇트
dime	10센트짜리 은화, 단돈 한 닢	daim	다임
defense	방어, 수비	difens	디**뻰**쓰
explorer	탐험가	iksplɔ:rər	익스플**로**러

Chunk set 108 ▸▸

단어	뜻	발음기호	한글발음
compatible	양립할 수 있는, 서로 받아들이는, 호환성의	kəmpætəbl	컴**패**터블
breeze	미풍, 산들바람	bri:z	브리즈
perplex	당황케 하다	pərpleks	퍼플**렉**쓰
structure	구조, 조직, 구조물	strʌktʃər	스트럭쳐
ideology	신념체계, 이데올로기	aidialədʒi	아이디**알**러쥐

Korea

단어	뜻	발음기호	한글발음
senior	손위의, (n.) 연장자, 선배	si:njər	**씨**니어
combat	전투, (v.) 싸우다	kəmbæt	컴**뱃**
chronological	연대순의, 연대기의	kra:nəla:dʒikl	크라너**라**쥑컬
convince	확신시키다, 납득시키다	kənvins	컨**빈**스
politician	정치가	palitiʃən	팔러**티**션

단어	뜻	발음기호	한글발음
search	수색, (v.) 찾다, 수색하다	sə:rʧ	써취
undertake	떠맡다, 착수하다	ʌndərteik	언더테익크
strife	투쟁, 싸움, 경쟁	straif	스트라이쁘
precious	귀중한, 값비싼	preʃəs	프레셔쓰
peach	복숭아	pi:ʧ	피이취

Canada ———————— USA

단어	뜻	발음기호	한글발음
conscious	의식이 있는, 의식하고 있는	kanʃəs	칸셔쓰
thrift	검소, 절약	θrift	쓰리쁘트
barrier	장벽, 장애물	bæriər	배리어
flush	얼굴 등이 붉어지다	flʌʃ	쁠러쉬
horizon	지평선, 수평선	həraizn	허라이즌

Chunk set 109 ▸▸

단어	뜻	발음기호	한글발음
fire	불, (v.) 불을 붙이다, 발사하다, 해고하다	faiər	**빠**이어
convention	집회, 모임, 관습, 전통	kənvenʃən	**컨벤**션
nap	선잠, 낮잠	næp	냅
work	일, (v.) 일하다, 연구하다, 공부하다	wəːrk	웍크
influence	영향, 영향력, (v.) ~에 영향을 미치다	influəns	**인쁠**루언스

Korea

mock	조롱하다, 흉내내며 놀리다, 모방하다	mak	막
rapture	황홀, 환희	ræptʃər	**랩**쳐
fury	격노, 격분	fjuəri	**뷰**어리
direct	똑바른, 직접적인, (v.) 지도하다	dairekt	디렉트
swell	부풀다, 팽창하다	swel	스웰

단어	뜻	발음기호	한글발음
session	기간, 회기, 학기	seʃən	쎄션
bind	묶다, 매다, 감다	baind	바인드
sink	가라앉다, 침몰하다(sink-sank-sunk)	siŋk	씽크
lord	지배자, 주인	lɔːrd	로드
conscience	양심	kanʃəns	칸션쓰

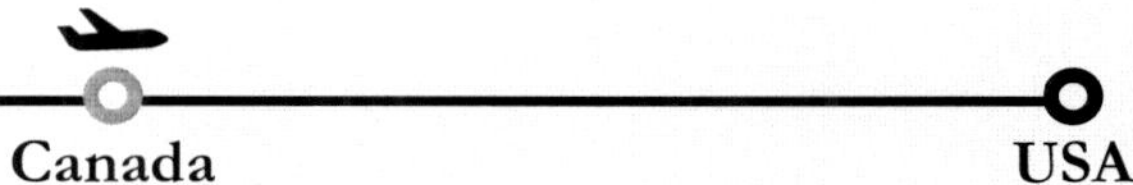

단어	뜻	발음기호	한글발음
footwear	(신발/양말 등) 신는 것	futwer	뿟웨어
illusion	환영, 망상, 착각	iluːʒən	일루젼
bunch	다발, 송이	bʌnʧ	번취
chef	요리사, 주방장	ʃef	쉐쁘
satellite	위성, 인공위성	sætəlait	쌔털라잇트

Chunk set 110 ▸▸

단어	뜻	발음기호	한글발음
reunion	재회	riju:njən	리유니언
zealot	광신자, 열성자	zelət	**젤럿트**
fund	자금, 기금, (v.) 투자하다	fʌnd	**뻔드**
herald	왕의 사자, 전달자, (v.) 포고하다, 알리다	herəld	**헤럴드**
possess	소유하다	pəzes	퍼**제**쓰

Korea

단어	뜻	발음기호	한글발음
contend	다투다, 주장하다	kəntend	컨**텐**드
manage	경영하다, 관리하다	mænidʒ	**매**니쥐
mop	자루걸레, (v.) 자루걸레로 닦다	map	맢
phrase	구, 간단한 말	freiz	쁘레이즈
visual	시각의, 광학상의	viʒuəl	**비쥬얼**

단어	뜻	발음기호	한글발음
synthetic	종합의, 합성의, 인조의	sinθetik	씬쎄틱
check-up	점검, 검사, 건강진단		첵크업
female	여성의, 암컷의, (n.) 여자, 암컷	fi:meil	쀠메일
neat	산뜻한, 말쑥한	ni:t	니이트
repel	쫓아버리다, 격퇴하다, 물리치다	ripel	리펠

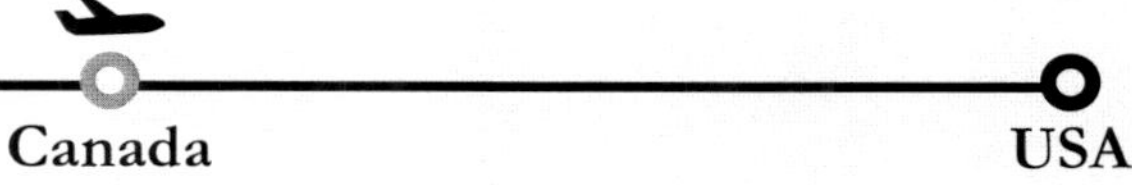

단어	뜻	발음기호	한글발음
advise	충고하다, 조언하다	ədvaiz	어드**바이즈**
potent	강력한, 유력한	poutnt	**포우튼트**
modesty	겸손, 수수함	madəsti	**마더스티**
clear	깨끗한, 분명한, 명백한, (v.) 깨끗하게 하다	kliər	클리어
confer	수여하다, 협의하다	kənfə:r	컨**뻐**

Chunk set 111 ▸▸

단어	뜻	발음기호	한글발음
attic	다락(방)	ætik	**애**틱
lever	지레, 레버	levər	**레**버
promotion	진급, 승진, 홍보	prəmouʃən	프러**모**우션
puzzle	수수께끼, 당혹, (v.) ~을 당혹하게 하다	pʌzl	퍼즐
outstanding	눈에 띄는, 훌륭한, 뛰어난	autstændiŋ	아웃스**탠**딩

Korea

단어	뜻	발음기호	한글발음
degenerate	퇴보하다	didʒenəreit	디**제**너레잇트
seldom	거의 ~않다	seldəm	**쎌**덤
discriminate	식별하다, 분간하다, 차별하다	diskriməneit	디스크**리**미네잇
scream	소리치다, 비명을 지르다	skri:m	스크림
mischievous	장난을 좋아하는, 장난기가 있는	mistʃəvəs	**미**쓰취버쓰

단어	뜻	발음기호	한글발음
eventually	결국, 드디어	ivenʧuəli	이**벤**츄얼리
tension	긴장, 긴박	tenʃən	**텐션**
evaporate	증발하다, 증발시키다	ivæpəreit	이**배**퍼레잇트
trait	특성, 특질, 특색	treit, trei	트레잇트
bulky	부피가 큰, 거대한	bʌlki	벌키

Canada   USA

단어	뜻	발음기호	한글발음
beverage	음료, 마실 것	bevəridʒ	**베**버리쥐
sigh	한숨, (v.) 한숨쉬다	sai	싸이
accord	일치, 조화, (v.) 일치하다, 부합하다	əkɔ:rd	어**코**드
quarters	거처, 숙소	kwɔ:rtəz	**쿼**터즈
sore	아픈, 쓰린	sɔ:r	쏘어

Chunk set 112 ▸▸

단어	뜻	발음기호	한글발음
vicious	나쁜, 사악한	viʃəs	**비**셔쓰
surface	표면, 수면	sə:rfis	**써**삐스
collect	모으다, 수집하다	kəlekt	컬**렉**트
rare	진귀한, 드문	rɛər	레어
sneer	비웃다, 냉소하다	sniər	스니어

Korea

단어	뜻	발음기호	한글발음
interfere	방해하다, 간섭하다	intərfiər	인터**삐**어
demonstrate	데모하다, 증명하다, 시범을 보이다	demənstreit	**데**먼스트레잇
diarrhea	설사	daiəri:ə	다이어**리**어
embody	구체화하다, 구현하다	imbadi	임**바**디
complement	보충, 보완물	kampləmənt	**캄**플러먼트

단어	뜻	발음기호	한글발음
sacred	신성한	seikrid	**쎄이크리드**
irrigate	관개하다, 물을 끌어 대다	irəgeit	**이리게잇트**
academy	학원, 전문학교	əkædəmi	**어캐더미**
transport	운송하다, 수송하다	trænspɔ:rt	**트랜쓰포트**
hardly	거의 ~ 않다	ha:rdli	**하들리**

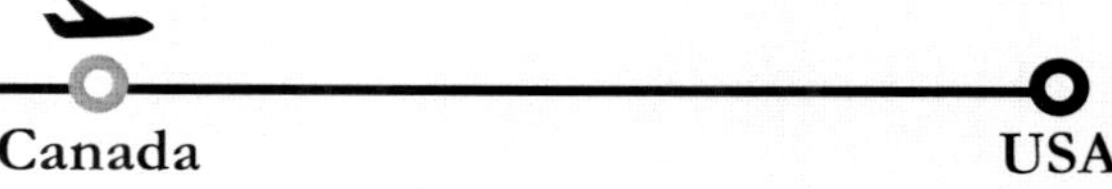

단어	뜻	발음기호	한글발음
sympathy	동정, 공감	simpəθi	**씸퍼씨**
outer	밖의, 바깥의	autər	**아웃터**
vein	정맥	vein	**베인**
tease	집적거리다, 괴롭히다, 조르다	ti:z	**티즈**
envious	부러워하는, 질투심이 강한	enviəs	**엔비어쓰**

Chunk set 113 ▸▸

단어	뜻	발음기호	한글발음
claim	요구하다, 청구하다, 주장하다	kleim	클레임
afterward	나중에, 그 후에	æftərwərd	애쁘터워드
united	결합된, 연합한	ju:naitid	유나잇티드
arbitrary	임의의, 멋대로인	a:rbətreri	아비트러리
treatment	취급, 처리, 치료법	tri:tmənt	트리트먼트

Korea

boost	증가하다, 돋우다, (n.) 상승, 증대	bu:st	부스트
between	~의 사이에서 (두 명/두 개)	bitwi:n	비트윈
pile	더미, 다수, (v.) 쌓다, 축적하다	pail	파일
dispel	쫓아버리다, 없애다	dispel	디스펠
blame	비난, 책임, (v.) 비난하다	bleim	블레임

단어	뜻	발음기호	한글발음
colony	식민지	kaləni	**칼**러니
stubborn	완고한, 고집 센	stʌbərn	스**터**번
intuition	직관, 통찰력	intju:iʃən	인튜**이**션
workforce	전 종업원, 노동인구/인력	w3:rkfɔ:rs	**워**크뽀쓰
accountant	회계사, 경리	əkauntənt	어**카**운턴트

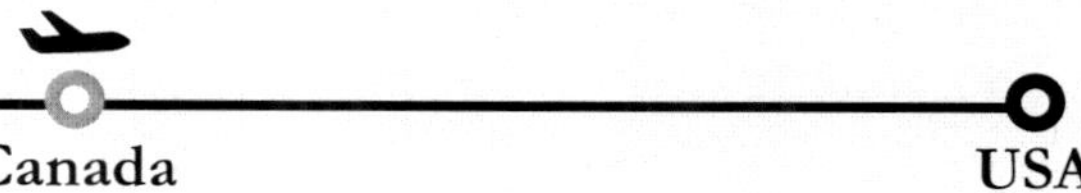

단어	뜻	발음기호	한글발음
diabetes	당뇨병	daiəbi:tis	다이어**비**티쓰
keen	날카로운, 예리한, 신랄한	ki:n	**키**인
border	가장자리, 국경, 경계선	bɔ:rdər	**보**더
magnet	자석	mægnit	**매**그닛
attention	주의, 유의	ətenʃən	어**텐**션

Chunk set 114 ▸▸

단어	뜻	발음기호	한글발음
delicious	맛있는	diliʃəs	딜리셧쓰
curator	감독, 관리자, 관장	kjuəreitər	큐어레이터
mill	제분기, 방앗간	mil	밀
hydrogen	수소	haidrədʒən	하이드러젼
astronomy	천문학	əstranəmi	어스트라너미

Korea

단어	뜻	발음기호	한글발음
unify	하나로 하다, 통합하다	ju:nəfai	유니빠이
fasten	매다, 잠그다	fæsn	빼슨
bleed	출혈하다, 피를 흘리다(bleed-bled-bled)	bli:d	블리드
channel	(텔레비전/라디오 등의) 채널, 경로	tʃænl	채늘
peril	위험, 위태	perəl	페럴

단어	뜻	발음기호	한글발음
endure	견디다, 참다	indjuər	인듀어
specimen	견본, (동물/식물 등의) 표본	spesəmən	스페써먼
forgive	용서하다(forgive-forgave-forgiven)	fərgiv	뽀기브
beast	짐승, 야수	bi:st	비스트
destination	목적지, 목적, 목표	destəneiʃən	데스티네이션

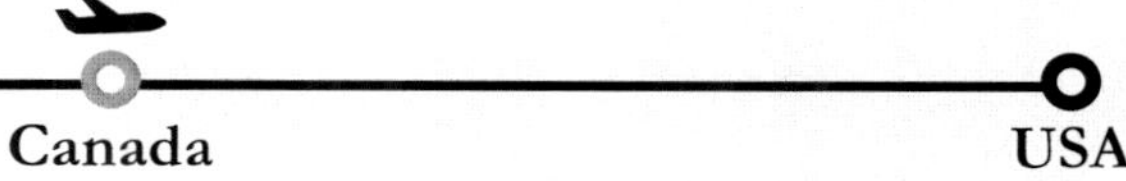

단어	뜻	발음기호	한글발음
bustle	활발하게 움직이다, 분주히 돌아다니다	bʌsl	버쓸
dignity	존엄, 위엄	dignəti	디그넛티
leper	나병환자, 문둥이	lepər	레퍼
term	기간, 학기, 말, 용어	tə:rm	텀
uphold	떠받치다, 지지하다	ʌphould	업호울드

Chunk set 115 ▶▶

단어	뜻	발음기호	한글발음
steep	가파른, 급경사진	sti:p	스팁
entire	완전한, 전체의	intaiər	인**타**이어
plague	역병, 전염병	pleig	플레이그
popular	인기 있는, 대중적인	papjulər	**파**퓰러
ferry	연락선, 나룻배	feri	**뻬**리

Korea

단어	뜻	발음기호	한글발음
belt	지역, 혁대	belt	벨트
historical	역사의, 역사에 기초를 둔	histɔ:rikəl	히스**토**리컬
familiar	친한, 친근한, 잘 알고 있는	fəmiljər	뻐**밀**려
canal	운하, 수로	kənæl	커**낼**
subtle	포착하기 힘든, 미묘한	sʌtl	써틀

단어	뜻	발음기호	한글발음
spank	찰싹 때리기, (v.) ~의 볼기짝을 찰싹 때리다	spæŋk	스팽크
drop	떨어지다, 쓰러지다	drap	드랍
belong	~에 속하다	bilɔːŋ, bilaŋ	빌롱
favorable	호의적인, 유리한	feivərəbl	뻬이버러블
couch	소파, 긴 의자	kautʃ	카우취

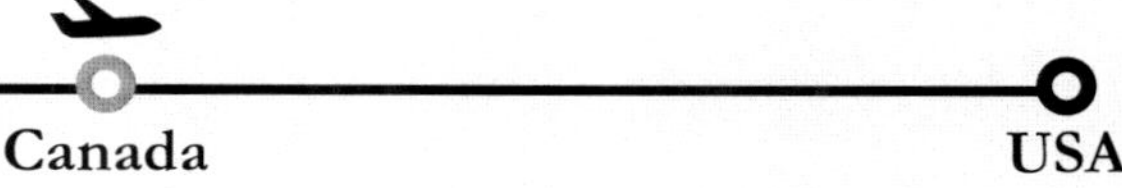

단어	뜻	발음기호	한글발음
alike	서로 같은, 비슷한	əlaik	얼라익크
inscribe	새기다, 파다, 기입하다	inskraib	인스크라이브
detail	세부 사항, 상세한 설명	diːteil	디테일
nearly	거의	niərli	니얼리
cope	대항하다, 맞서다, 대처하다	koup	코우프

Chunk set 116 ▸▸

단어	뜻	발음기호	한글발음
osteoporosis	골다공증	astiəpərousis	아스티어퍼로우씨쓰
ceiling	천장	si:liŋ	**씰링**
contrast	대조, (v.) 대조하다	kantræst / (v.) kəntræst	**칸트래스트 /** (v.) 컨트래스트
evil	나쁜, 사악한, 악	i:vəl	**이벌**
attribute	~의 탓으로 돌리다	ətribju:t	어트리뷰트

Korea

단어	뜻	발음기호	한글발음
parachute	낙하산	pærəʃu:t	**패러슈트**
alley	골목, 오솔길	æli	**앨리**
itch	가려움, (v.) 가려움을 일으키다	iʧ	이취
arch	아치, 활 모양	a:rʧ	아취
peel	껍질, (v.) 껍질을 벗기다	pi:l	피일

단어	뜻	발음기호	한글발음
circumstance	환경, 상황	səːrkəmstæns	써컴스턴스
perspiration	땀, 발한	pəːrspəreiʃən	퍼스퍼레이션
misspell	잘못 쓰다, 철자가 틀리다	misspel	미스스펠
foresee	예측하다, 예견하다	fɔːrsiː	뽀씨
posture	자세, 태도, (v.) (어떤 자세를) 취하다	pasʧər	파스쳐

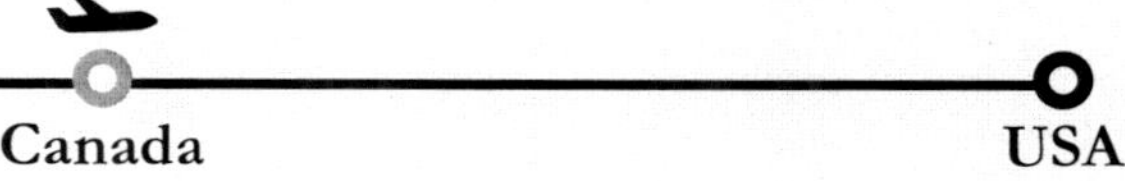

단어	뜻	발음기호	한글발음
runway	활주로	rʌnwei	런웨이
previous	이전의, 앞의	priːviəs	프리비어쓰
posterior	나중의, 위치가 뒤의	pastiəriər	파쓰티어리어
pimple	여드름, 뾰루지	pimpl	핌플
adorn	꾸미다, 장식하다	ədɔːrn	어도온

단어	뜻	발음기호	한글발음
warlike	전쟁의, 호전적인	wɔːrlaik	**워라익크**
tongue	혀, 말, 언어	tʌŋ	텅
slope	경사면, 비탈	sloup	슬로우프
pity	불쌍히 여김, 동정, (v.) 불쌍히 여기다	piti	**핏티**
conflict	투쟁, 싸움, (v.) 충돌하다	kanflikt / (v.) kənflikt	**칸쁠릭트** / (v.) 컨쁠릭트

Korea

단어	뜻	발음기호	한글발음
isolate	고립시키다, 격리시키다	aisəleit	**아이썰레잇**
disturb	방해하다, 혼란시키다	distəːrb	디스터브
proper	적당한, 적절한	prapər	프라퍼
deck	갑판, (버스 등의) 바닥, 층	dek	덱
mine	광산, (v.) 채굴하다	main	마인

단어	뜻	발음기호	한글발음
scatter	흩뿌리다, 뿔뿔이 흩어지게 하다	skǽtər	스캐터
heir	상속인, 후계자	ɛər	에어
affiliate	제휴하다, (n.) 제휴	əfílieit / (n.) əfíliət	어삘리에잇 / (n.) 어삘리얼
stockpile	비축, 비축량, 재고	sta:kpail	스톡파일
persist	지속하다, 주장하다	pərsist	퍼시스트

단어	뜻	발음기호	한글발음
elevation	고지, 높이	eləveiʃən	엘러베이션
spare	예비의, 여분의	spɛər	스페어
mammal	포유동물	mǽməl	매멀
indifferent	무관심한, 대수롭지 않은	indifərənt	인디뻐런트
sermon	설교, 훈계	sə:rmən	써먼

Chunk set 118 ▸▸

단어	뜻	발음기호	한글발음
antonym	반의어	æntənim	앤터님
downplay	~을 경시하다	daunplei	다운플레이
shed	(피/눈물 등을) 흘리다, (n.) 헛간	ʃed	쉐드
arrow	화살, 화살표	ærou	애로우
obtain	얻다, 획득하다	əbtein	어브테인

Korea

단어	뜻	발음기호	한글발음
ethics	윤리, 윤리학	eθiks	에씩쓰
nationwide	전국적인, 전국에 걸친	neiʃənwaid	네이션와이드
stupid	어리석은, 우둔한	stju:pid	스튜피드
pang	심한 고통, 에는 듯한 아픔	pæŋ	팽
diplomacy	외교, 외교술	diplouməsi	디플로우머씨

단어	뜻	발음기호	한글발음
drought	가뭄	draut	드라웃트
grand	웅대한, 장대한	grænd	그랜드
recipient	받는 사람, 수령인	risipiənt	리씨피언트
parasitic	기생하는, 기생충의	pærəsitik	패러씨틱
trend	경향, 추세, 방향	trend	트렌드

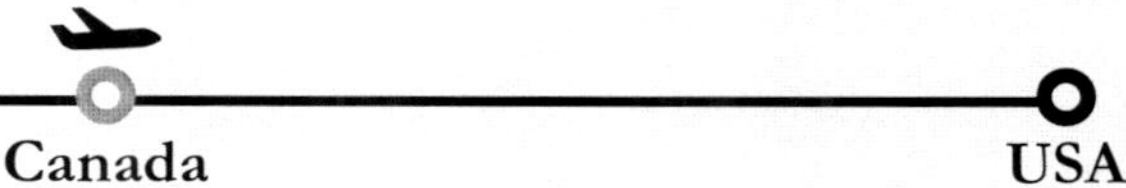

단어	뜻	발음기호	한글발음
enormous	거대한, 막대한	inɔ:rməs	인노머쓰
cordial	충심으로부터의, 진심에서 우러난	kɔ:rdʒəl	코졀
native	출생지의, 토착의	neitiv	네이티브
depress	의기소침하게 하다	dipres	디프레쓰
minute	분, (adj.) 미세한, 하찮은	minit	미닛

Chunk set 119 ▸▸

단어	뜻	발음기호	한글발음
primitive	원시의, 초기의	primətiv	프리멋티브
splash	튀기는 소리, (v.) (물/흙탕 등을) 튀기다	splæʃ	스플래쉬
dismal	음침한, 음울한	dizməl	디즈멀
prestige	명성, 위신	presti:ʒ	프레스티쥐
false	그릇된, 거짓의	fɔ:ls	뽈쓰

Korea

단어	뜻	발음기호	한글발음
mostly	대개, 주로	moustli	모우스틀리
rely	의지하다, 신뢰하다	rilai	릴라이
hay	건초, (v.) 건초를 만들다	hei	헤이
efficient	효율적인, 능률적인	ifiʃənt	이삐션트
conquer	정복하다, 공략하다	kaŋkər	캉커

단어	뜻	발음기호	한글발음
acoustic	청각의, 전자 장치를 쓰지 않은	əku:stik	어**쿠**쓰틱
colleague	동료	kali:g	**칼**리그
stripe	줄, 줄무늬	straip	스트라이프
shield	방패, (v.) 방패로 막다	ʃi:ld	쉴드
telescope	망원경	teləskoup	**텔**러스코웁프

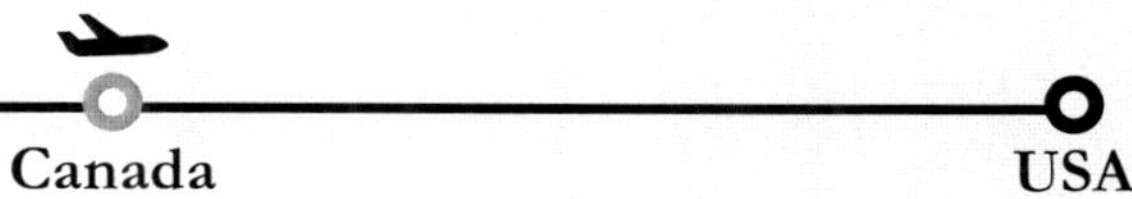

단어	뜻	발음기호	한글발음
drench	흠뻑 젖게 하다, 담그다	drenʧ	드렌취
revive	소생시키다, 되살아나게 하다	rivaiv	리**바**이브
beard	턱수염	biəd	비어드
revolution	혁명, 대변혁	revəlu:ʃən	레**벌**루션
indispensable	없어서는 안 되는, 절대 필요한	indispensəbl	인디쓰**펜**써블

Chunk set 120 ▸▸

단어	뜻	발음기호	한글발음
glance	흘끗 봄, (v.) 흘끗 보다	glæns	글랜쓰
accomplish	이루다, 성취하다	əkampliʃ	어**캄**플리쉬
heyday	전성기, 절정기	heidei	**헤**이데이
desperate	필사적인, 절망적인	despərət	**데**스퍼럿
book	책, (v.) 예약하다	buk	북

Korea

단어	뜻	발음기호	한글발음
penalty	형벌, 벌금	penəlti	**페**널티
rifle	소총	raifl	**라**이쁠
physical	육체의, 물리적인	fizikəl	**삐**지컬
responsibility	책임, 의무	rispansəbiləti	리스판써**빌**럿티
privilege	특권, 특전, (v.) 특권을 주다	privəlidʒ	프**리**빌리쥐

단어	뜻	발음기호	한글발음
sensitive	민감한, 예민한, 섬세한	sensətiv	쎈써티브
legal	법률에 관한, 법률상의	li:gəl	리글
a little	약간의, 조금의 (불가산 명사에 쓰임)(긍정적 의미)	ə litl	어 리틀
ointment	연고	ɔintmənt	오인트먼트
multitude	다수, 군중	mʌltətju:d	멀티튜드

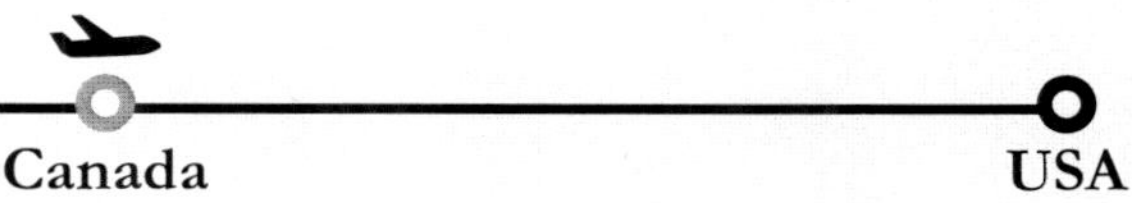

단어	뜻	발음기호	한글발음
alternative	양자택일의, 대안의, (n.) 대안	ɔ:ltə:rnətiv	올터너티브
doom	운명, 숙명, (v.) 운명짓다	du:m	둠
permit	허락하다, 허가하다	pərmit	퍼밋
wound	상처, (v.) 성처를 입히다	wu:nd	운드
motivate	동기를 부여하다	moutəveit	모우티베잇

TOUCH VOCA

Chunk set 121 ▸▸

단어	뜻	발음기호	한글발음
oral	구두의, 구술의	ɔ:rəl	오럴
temper	기질, 성질	tempər	템퍼
faith	신념, 믿음	feiθ	뻬이쓰
fortress	요새, 요새지	fɔ:rtris	뽀트리쓰
bone	뼈, 생선 가시	boun	보운

Korea

단어	뜻	발음기호	한글발음
monster	괴물, 도깨비	manstər	만스터
clatter	덜걱덜걱 소리, (v.) 덜걱거리는 소리를 내다	klætər	클랫터
chemistry	화학	keməstri	케미스트리
falcon	매	fɔ:lkən	뽈컨
remainder	나머지, 잔여	rimeindər	리메인더

단어	뜻	발음기호	한글발음
pay	지불하다, 이익이 되다(pay-paid-paid)	pei	페이
sideboard	찬장, 식기대	saidbɔːrd	싸이드보드
chivalry	기사도(정신)	ʃivəlri	쉬벌리
restore	회복시키다, 복구하다	ristɔːr	리스토어
strict	엄격한, 엄밀한	strikt	스트릭트

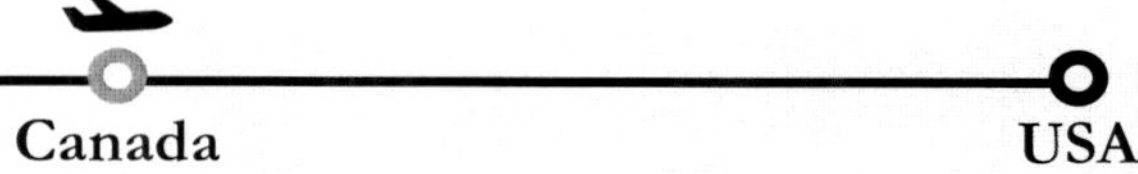

단어	뜻	발음기호	한글발음
dull	우둔한, 무딘	dʌl	덜
institution	학회, 협회, 시설, 제도	instətjuːʃən	인스티튜션
confirm	확실하게 하다, 확증하다	kənfəːrm	컨뻠
complete	완전한, (v.) 완성하다	kəmpliːt	컴플릿트
appeal	애원하다, 간청하다, 호소하다, 마음을 끌다	əpiːl	어필

Chunk set 122 ▸▸

단어	뜻	발음기호	한글발음
navy	해군	neivi	네이비
rhinoceros	코뿔소	rainasərəs	라이나써러쓰
atom	원자	ætəm	애텀
count	세다, (v.) 계산하다, 중요하다	kaunt	카운트
spear	창, 투창	spiər	스피어

Korea

단어	뜻	발음기호	한글발음
clumsy	볼품없는, 어색한, 서투른	klʌmzi	클럼지
destruction	파괴	distrʌkʃən	디스트럭션
shatter	산산이 부수다, 파괴하다	ʃætər	쉐터
implement	도구, (v.) 이행하다, 실행하다	impləmənt	임플러먼트
ware	제품, 상품	wɛər	웨어

단어	뜻	발음기호	한글발음
impose	(의무/세금 등을) 부과하다, 강요하다	impouz	**임포우즈**
cone	원뿔, 아이스크림의 콘	koun	**코운**
outbreak	(전쟁/병/소동 등의) 발발, 폭동	autbreik	**아웃브레익크**
lingual	말의, 언어의	liŋgwəl	**링규얼**
escalate	증가시키다, 오르다	eskəleit	**에스컬레잇트**

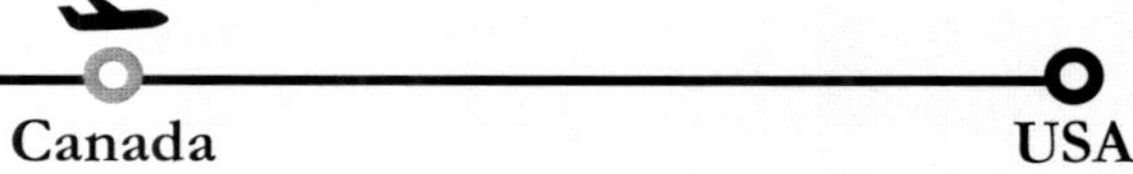

단어	뜻	발음기호	한글발음
rural	시골의, 전원의	ruərəl	**루럴**
outspoken	솔직한, 꾸밈없는	autspoukən	**아웃스포우큰**
calligraphy	서예, 달필	kəligrəfi	**컬리그러삐**
amount	양, 총계, (v.) (수/양 등이) ~에 이르다	əmaunt	**어마운트**
republic	공화국	ripʌblik	**리퍼블릭**

Chunk set 123 ▸▸

단어	뜻	발음기호	한글발음
lease	임대차 계약, (v.) 임대/임차하다	li:s	리쓰
brilliant	빛나는, 총명한	briljənt	브릴리언트
indicate	나타내다, 가리키다	indikeit	인디케잇트
exhibition	전시, 전시회	eksəbiʃən	엑스비션
domain	영토, 분야	doumein	도메인

Korea

단어	뜻	발음기호	한글발음
fireplace	난로	faiərpleis	빠이어플레이스
tremble	떨림, 진동, (v.) 떨다, 진동하다	trembl	트렘블
unite	결합하다, 화합하다	ju:nait	유나잇트
crab	게	kræb	크랩
headquarters	본부, 사령부, 본사	hedkwɔ:rtərz	헤드쿼터즈

단어	뜻	발음기호	한글발음
confederate	동맹의, 연합한	kənfedərət	컨뻬더럿
rectangle	직사각형(의)	rektæŋgl	렉탱글
commercial	상업의, 무역의	kəmə:rʃəl	커머셜
outdated	시대에 뒤진, 구식의	autdeitid	아웃데잇티드
core	핵심, 골자, 중심	kɔ:r	코어

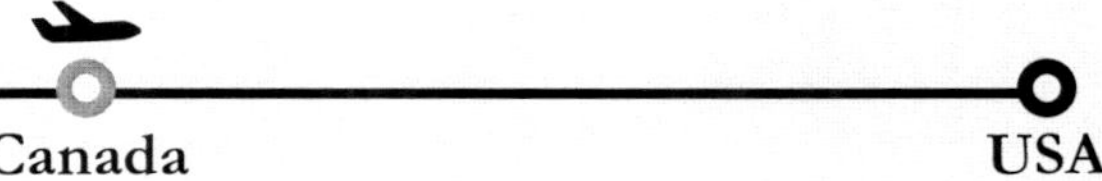

단어	뜻	발음기호	한글발음
envelope	봉투, 싸개	envəloup	엔벌로우프
erupt	분출하다, 폭발하다	irʌpt	이럽트
robbery	강도질, 강탈	rabəri	라버리
ethnic	민족의, 인종의	eθnik	에쓰닉
infinite	무한한, 막대한	infənət	인삐넛

단어	뜻	발음기호	한글발음
swear	맹세하다, 선서하다, 욕하다(swear-swore-swore)	swɛər	스웨어
till	땅을 갈다, (n.) 계산대, (conj.) ~까지	təl (강) til	틸
improvise	(음악/시/연설 등을) 즉흥적으로 하다	imprəvaiz	**임프러바이즈**
sow	씨를 뿌리다	sou	쏘우
reinforce	강화하다, 보강하다	ri:infɔ:rs	리인**뽀**쓰

Korea

adequate	적당한, 충분한	ædikwət	**애**더큇트
melancholy	우울, (adj.) 우울한	melənkali	**멜**란콜리
formula	공식, 방식, 법칙	fɔ:rmjulə	**뽀**뮬러
smash	때려 부수다, 깨뜨리다	smæʃ	스매쉬
specific	구체적인, 명확한	spisifik	스피**씨**삑

단어	뜻	발음기호	한글발음
solution	해결, 용해	səluːʃən	썰루션
lad	소년, 젊은이	læd	래드
paycheck	급료, 봉급	peiʧek	페이첵크
segregate	분리하다, 격리하다	segrigeit	쎄그러게잇트
distort	일그러뜨리다, 뒤틀다, 왜곡하다	distɔːrt	디스토트

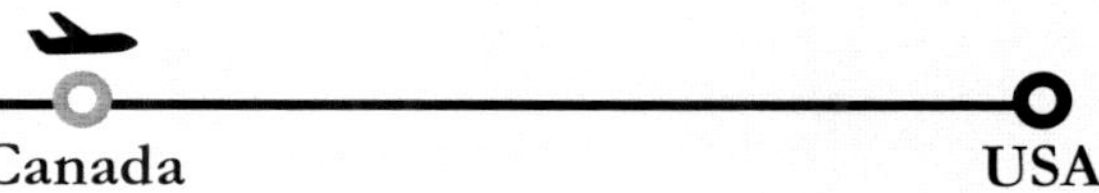

단어	뜻	발음기호	한글발음
breathtaking	숨을 조이는, 깜짝 놀랄 만한	breθteikiŋ	브레쓰테익킹
local	장소의, 지방의	loukəl	로우컬
district	지역, 구역, 지방	distrikt	디스트릭트
qualify	자격을 주다, 권한을 주다	kwaləfai	콸러빠이
import	수입, (v.) 수입하다	impɔːrt	임포트

Chunk set 125 ▸▸

단어	뜻	발음기호	한글발음
mate	짝, 친구, 동료	meit	메잇트
quote	인용하다, 예로 들다	kwout	쿼우트
admit	인정하다, (입학/입회/입국 등을) 허가하다	ædmit	어드**밋**트
dismiss	해고하다, 버리다, 해산시키다	dismis	디스**미**쓰
thermal	열의, 뜨거운	θə:rməl	**써**멀

Korea

단어	뜻	발음기호	한글발음
surpass	~보다, 낫다, ~을 능가하다	sərpæs	써**패**스
grave	무덤, (adj.) 심각한	greiv	그레이브
alarm	놀람, 경고, 경보기, (v.) 놀라게 하다, 경보를 발하다	əla:rm	얼**람**
express	표현하다, 발표하다	ikspres	익쓰프**레**쓰
claw	발톱	klɔ:	클로

단어	뜻	발음기호	한글발음
asleep	잠들어 있는	əsli:p	어슬립
chase	뒤쫓다, 추적하다	ʧeis	췌이쓰
budget	예산, 예산안, 경비	bʌdʒit	버짓
outlook	조망, 경치, 전망, 견해	autluk	아웃룩
electric	전기의	ilektrik	일렉트릭

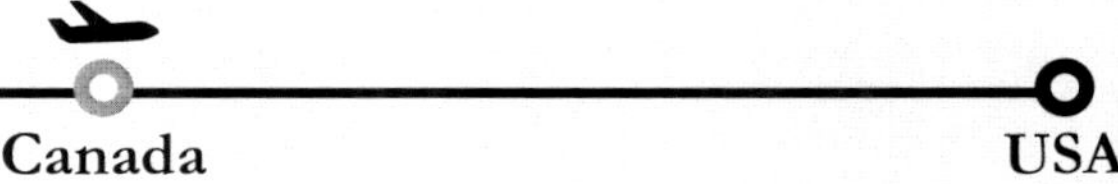

단어	뜻	발음기호	한글발음
petty	사소한, 보잘 것 없는	peti	페티
supervise	감독하다, 지휘하다	su:pərvaiz	쑤퍼바이즈
fiber	섬유, 섬유질	faibər	빠이버
observe	관찰하다, 준수하다	əbzə:rv	어브져브
arrogant	거만한, 오만한	ærəgənt	애러건트

Chunk set 126 ▸▸

단어	뜻	발음기호	한글발음
trespass	침입하다, 침범하다, 침해하다	trespəs	트레쓰패쓰
derive	이끌어내다, 유추하다, 얻다	diraiv	디라이브
utility	유용, 쓸모 있는 것	juːtiləti	유틸럿티
inactive	비활동적인	inæktiv	인액티브
crop	농작물, 수확물	krap	크랍

Korea

단어	뜻	발음기호	한글발음
passage	구절, 통행, 통로	pæsidʒ	패씨쥐
cozy	아늑한, 안락한	kouzi	코우지
awkward	어색한, 서투른	ɔːkwərd	오쿼드
soil	흙, 땅	sɔil	쏘일
horror	공포, 전율	hɔːrər	호러

단어	뜻	발음기호	한글발음
acknowledge	인정하다, 승인하다	æknalidʒ	액날리쥐
suitable	적당한, 어울리는, 알맞은	su:təbl	쑤터블
spoil	망치다, 못쓰게 하다	spɔil	스포일
saint	덕이 높은 사람, 성자	seint	쎄인트
stunning	놀랄 만한	stʌniŋ	스터닝

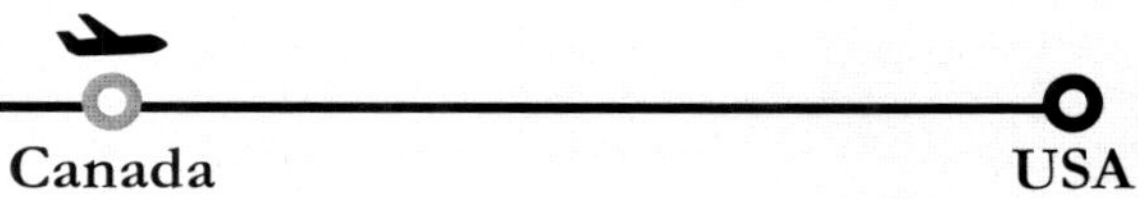

단어	뜻	발음기호	한글발음
imaginary	가상의, 상상 속에 존재하는	imædʒəneri	이매쥐너리
fault	결점, 과실, 잘못	fɔ:lt	뽈트
eraser	지우개	ireisər	이레이져
amid	~의 한복판에, ~에 에워싸여	əmid	어미드
external	외부의, 밖의	ikstə:rnl	익쓰터늘

Chunk set 127 ▸▸

단어	뜻	발음기호	한글발음
transient	일시적인, 덧없는, 무상한	trænʃənt	트랜션트
heedless	부주의한, 조심성 없는	hi:dlis	히들러쓰
decade	10년	dekeid, dikeid	데케이드
rebel	반역자, (v.) 반역하다	rebəl / (v.) ribel	레벌 / (v.) 리**벨**
bankrupt	파산자, 파산한	bæŋkrʌpt	뱅크럽트

Korea

단어	뜻	발음기호	한글발음
rescue	구출, 구조, (v.) 구출하다, 구조하다	reskju:	레스큐
entrant	들어오는 사람, 신입회원, 참가자	entrənt	엔트런트
crunchy	바삭바삭한	krʌnʧi	크런취
sled	썰매	sled	슬레드
rent	집세, 임대료, (v.) 임대/임차하다	rent	렌트

단어	뜻	발음기호	한글발음
savage	야만적인, 미개한	sævidʒ	**쌔비쥐**
wingspan	날개 길이, 날개 폭	wiŋspæn	**윙스팬**
leopard	표범	lepərd	**레퍼드**
coordinate	조화시키다, 조정하다	kouɔ:rdənət	**코우오디넛**
bulletin	게시, 회보, 학보	bulitən	**블러틴**

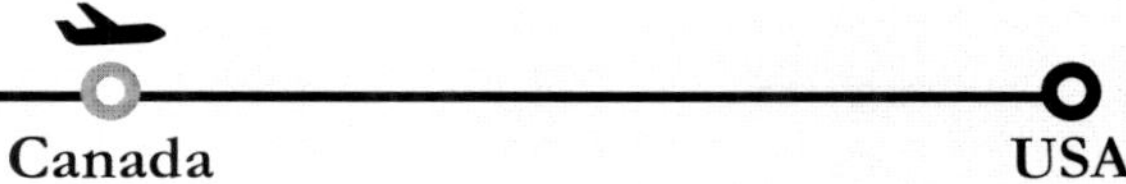

단어	뜻	발음기호	한글발음
slang	속어, 속된 말	slæŋ	슬랭
sanitary	위생적인, 위생의	sænəteri	**쌔너터리**
antarctic	남극, (adj.) 남극의	ænta:rktik	**앤트아크틱**
biochemistry	생화학	baioukemistri	바이오우케미스트리
grin	히죽 웃다	grin	그린

Chunk set 128 ▸▸

단어	뜻	발음기호	한글발음
condemn	비난하다, 선고하다	kəndem	컨뎀
prosper	번영하다, 번창하다	praspər	프라스퍼
behalf	이익, 지지	bihæf	비해쁘
amend	고치다, 개선하다, 개정하다	əmend	어멘드
plain	보통의, 간단한, 쉬운, 명백한	plein	플레인

Korea

단어	뜻	발음기호	한글발음
spill	엎지름, 유출, (v.) 엎지르다, 흘리다(spill-spilt-spilt)	spil	스필
growl	으르렁거림, (v.) 으르렁거리다	graul	그라울
threat	위협, 협박	θret	쓰레트
annual	1년의, 해마다의	ænjuəl	애뉴얼
beloved	사랑하는, 소중한	bilʌvd	비러브드

단어	뜻	발음기호	한글발음
tomb	묘, 묘지	tuːm	툼
hazard	위험, 위험요소	hǽzərd	해져드
right	옳은, 오른쪽의, 권리	rait	롸잇트
applicant	지원자	ǽplikənt	애플리컨트
besides	그 밖에, 따로, 게다가	bisaidz	비싸이즈

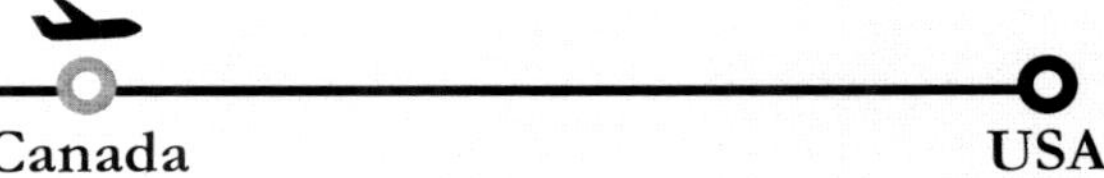

단어	뜻	발음기호	한글발음
occasional	우연한, 때때로의	əkeiʒənəl	어케이져널
essence	본질, 핵심, 진수	esns	에쓴스
person	개개인의 사람	pəːrsn	퍼슨
tangle	얽히게 하다, 혼란시키다	tǽŋgl	탱글
reptile	파충류	reptil	레프타일

Chunk set 129 ▸▸

단어	뜻	발음기호	한글발음
ecology	생태학, 생태	ikalədʒi	이**칼**러쥐
ladder	사닥다리, 사다리	lædər	**래더**
flood	홍수, 범람, (v.) 범람하다	flʌd	쁠러드
brief	간결한, 잠시의	bri:f	브리쁘
cherish	소중히 하다	tʃeriʃ	**체리쉬**

Korea

단어	뜻	발음기호	한글발음
billion	10억	biljən	**빌련**
ape	원숭이, 유인원	eip	에이프
carve	새기다, 조각하다	ka:rv	카브
slice	얇게 썬 조각, 한 조각	slais	슬라이쓰
exotic	외래의, 이국적인	igzatik	이그**죠틱**

단어	뜻	발음기호	한글발음
ally	동맹국, (특히 정치적) 협력자	ælai	**앨라이**
rebuild	재건하다, 다시 짓다	ri:bild	리빌드
union	결합, 합동, 동맹	ju:njən	**유니언**
clean	깨끗한, (v.) 청소하다	kli:n	클린
vertical	수직의, 세로의	və:rtikəl	**버티컬**

Canada   USA

단어	뜻	발음기호	한글발음
rage	격노, 분노, (v.) 격노하다	reidʒ	레이쥐
rein	고삐, (v.) 억제하다, 제어하다	rein	레인
suspicious	의심스러운	səspiʃəs	써**스피**셔쓰
spectacle	광경, 구경거리	spektəkl	스**펙**터클
cube	입방체, 정육면체	kju:b	큐브

Chunk set 130 ▸▸

단어	뜻	발음기호	한글발음
degree	정도, 등급, 학위	digri:	디그리
advantage	유리, 이점	ædvæntidʒ	어드**밴**티쥐
tan	피부를 햇볕에 태우다	tæn	탠
substance	물질, 본질, 실체	sʌbstəns	**써**브스턴스
mimic	흉내내는, (v.) 흉내내다	mimik	미믹

Korea

단어	뜻	발음기호	한글발음
fossil	화석, (adj.) 화석의	fasəl	**빠**슬
esteem	존중, 존경, (v.) 존경하다, 존중하다	isti:m	이스**팀**
ascent	올라감, 오르막	əsent	어**쎈**트
recollect	생각해내다, 회상하다	rekəlekt	리컬렉트
outweigh	~보다 무게가 더 나가가다, ~보다 중요하다	autwei	아웃**웨**이

단어	뜻	발음기호	한글발음
stout	뚱뚱한, 튼튼한, 단단한	staut	스타웃트
geography	지리, 지리학	dʒiagrəfi	쥐아그러삐
relieve	구제하다, 안도케 하다	rili:v	릴리브
specialize	특수화하다, 전문화하다	speʃəlaiz	스페셜라이즈
journey	여행, 여정	dʒə:rni	져니

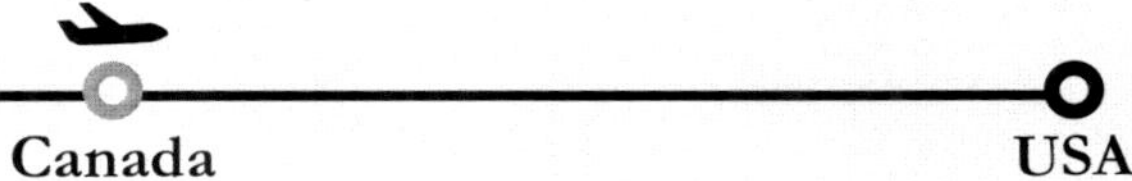

단어	뜻	발음기호	한글발음
twig	가는 가지, 어린 가지	twig	트위그
genetics	유전학	dʒənetiks	져네틱쓰
score	스코어, 득점, 다수, 스무 개(사람)	skɔ:r	스코어
favorite	매우 좋아하는	feivərit	뻬이버릿
alchemy	연금술	ælkəmi	앨커미

Chunk set 131 ▶▶

단어	뜻	발음기호	한글발음
suck	빨다, 핥다	sʌk	썩
inherent	고유의, 타고난	inhiərənt	인**히**어런트
attitude	태도, 자세	ætitju:d	**애**티튜드
finance	재정, 재무	fainæns	**빠**이낸스
ignore	무시하다, 묵살하다	ignɔ:r	이그**노**어

Korea

benevolent	자애로운	bənevələnt	버네벌런트
dizzy	현기증 나는, 어지러운	dizi	**디**지
commute	통근, 통학, (v.) 통근하다, 통학하다	kəmju:t	커**뮷**트
breast	가슴, 유방	brest	브레스트
choir	합창단, 성가대	kwaiər	**콰**이어

단어	뜻	발음기호	한글발음
earthquake	지진	ə:rθkweik	**어쓰퀘익크**
passive	수동적인, 소극적인	pæsiv	**패씨브**
sweeping	광범위한, 전면적인	swi:piŋ	**스위핑**
abroad	해외의, 해외로	əbrɔ:d	**어브로드**
entertain	즐겁게하다, 대접하다	entərtein	**엔터테인**

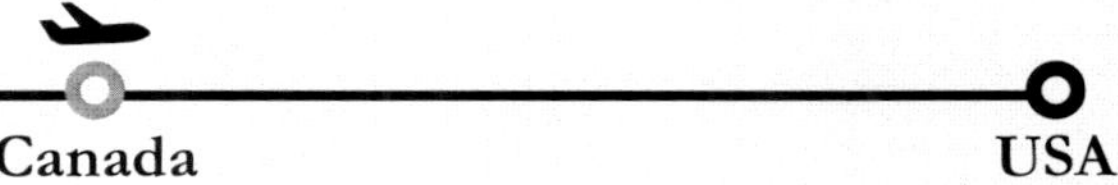

단어	뜻	발음기호	한글발음
ridiculous	우스운, 어리석은	ridikjuləs	**리디큘러쓰**
glare	눈부신 빛, (v.) 눈부시게 빛나다	glɛər	**글레어**
plumber	배관공	plʌmər	**플럼머**
garment	의복, 의류	ga:rmənt	**가먼트**
haunt	(유령 등이) 출몰하다, 늘 따라다니다	hɔ:nt	**혼트**

Chunk set 132 ▸▸

단어	뜻	발음기호	한글발음
deposit	(돈/물품 등을) 맡기다, 두다	dipazit	디**파**짓
irritable	화를 잘 내는, 민감한	irətəbl	**이**리터블
meanwhile	그러는 동안에, 한편	mi:nwail	**미**인화일
apprehend	이해하다, 염려하다, 체포하다	æprihend	어프리**헨**드
instrument	기계, 도구, 악기	instrəmənt	**인**스트루먼트

Korea

단어	뜻	발음기호	한글발음
duration	내구, 지고, 지속기간	djureiʃən	듀어**레**이션
deceive	속이다, 기만하다	disi:v	디**씨**브
Vocabulary	어휘, 단어집	voukæbjuleri	보우**캐**뷸러리
resource	자원	ri:sɔ:rs	리**쏘**스
restrain	제지하다, 억누르다	ristrein	리스트**레**인

단어	뜻	발음기호	한글발음
humid	습한, 습기 있는	hju:mid	휴미드
generate	낳다, 발생시키다, 일으키다	dʒenəreit	제너레잇트
drain	배수로, 배수관, (v.) 배수/방수하다	drein	드레인
quack	(오리 등이) 꽥꽥 울다	kwæk	퀔
delegate	대표, 대리인, (v.) 파견하다	deligət / (v.) deligeit	델리겉 / (v.) 델리게잍

Canada ✈ USA

단어	뜻	발음기호	한글발음
fill	가득 채우다	fil	삘
oak	오크 (떡갈나무/참나무의 총칭)	ouk	오욱크
bruise	멍, 타박상	bru:z	브루즈
hatch	까다, 부화하다	hætʃ	햇취
mount	언덕, 산, (v.) (산/말 등에) 오르다, 타다	maunt	마운트

Chunk set 133 ▸▸

단어	뜻	발음기호	한글발음
longevity	장수	landʒevəti	론**제**버티
value	가치, 값어치, 진가	vælju:	**밸류**
misplace	잘못 놓다, 잘못 두다	mispleis	미스플**레**이쓰
research	연구, 조사, (v.) 연구하다, 조사하다	risə:rʧ	리**써취**
moderately	알맞게, 적당히	madərətli	**마**더러틀리

Korea

단어	뜻	발음기호	한글발음
thorn	동식물의 가시, 극침	θɔ:rn	쏘온
attract	매혹하다, 끌어당기다	ətrækt	어트**랙트**
absorbing	마음을 빼앗는, 열중시키는	æbsɔ:rbiŋ	어브**쏘**빙
deplete	비우다, 고갈시키다	dipli:t	디플**릿트**
still	조용한, 정지한, 아직, 여전히	stil	스틸

단어	뜻	발음기호	한글발음
final	마지막의, 최후의	fainl	**빠**이널
recruit	신병, 신입사원모집, (v.) 모집하다	rikru:t	리크**루**트
enthusiasm	열광, 열의	inθu:ziæzm	인**쓔**지애즘
pedal	페달, 발판	pedl	**페**들
starvation	굶주림, 기아	sta:rveiʃən	스타**베**이션

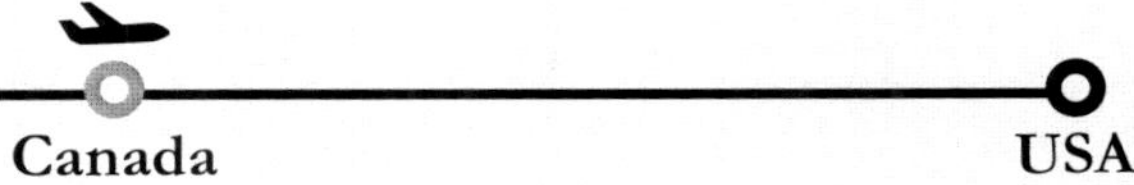

단어	뜻	발음기호	한글발음
cling	달라붙다, 매달리다, 집착하다(cling-clung-clung)	kliŋ	클**링**
mist	안개	mist	미스티
standpoint	관점, 견해	stændpɔint	**스탠**드포인트
wake	(배/물고기 등이) 지나간 자국, (v.) 깨다, 일어나다(wake-woke-woken)	weik	웨**익**크
asthma	천식	æzmə	**애**즈머

Chunk set 134 ▸▸

단어	뜻	발음기호	한글발음
intimate	친밀한, 친숙한	intəmət	인티멋
simulate	흉내내다, 가장하다	simjuleit	씨뮬레잇트
reap	수확하다, 거두어들이다	ri:p	리잎
silly	어리석은, 바보 같은	sili	씰리
mold	틀, 주형, (v.) 틀에 넣어 만들다	mould	모울드

Korea

단어	뜻	발음기호	한글발음
barter	물물교환, (v.) 물물교환하다, 교역하다	ba:rtər	바터
obvious	명백한, 분명한	abviəs	아비어쓰
orchard	과수원	ɔ:rʧərd	오챠드
already	이미, 벌써	ɔ:lredi	올레디
attorney	변호사, 대리인	ətə:rni	어터니

단어	뜻	발음기호	한글발음
relate	관계시키다, 결부시키다	rileit	릴레잇트
revenue	수입, 세입	revənju:	레버뉴
regard	~으로 여기다, 간주하다	riga:rd	리가드
pest	해충, 역병, 흑사병	pest	페스트
flat	평평한, 단조로운	flæt	쁠랫

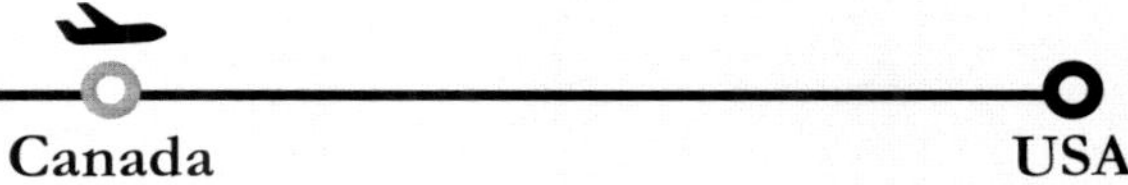

단어	뜻	발음기호	한글발음
tropic	열대 지방	trapik	트라픽
liver	간, 간장	livər	리버
medium	매개물, 매체, (adj.) 중간의, 중간 정도로 구워진	mi:diəm	미디엄
gourd	조롱박	gɔ:rd	고드
lack	부족, 결핍, (v.) ~이 모자라다	læk	랙

Chunk set 135 ▸▸

단어	뜻	발음기호	한글발음
retain	보유하다, 계속 유지하다	ritein	리**테**인
renowned	유명한, 명성 있는	rinaund	리**나**운드
mischance	불행, 불운, 재난	mistʃæns	미스**챈**쓰
typhoon	태풍	taifuːn	타이**뿐**
mortal	죽어야 할 운명의, 치명적인	mɔːrtl	**모**틀

Korea

단어	뜻	발음기호	한글발음
tame	길들여진, 유순한, (v.) 길들이다	teim	**테**임
appetite	식욕	æpətait	**애**피타잇트
society	사회, 단체	səsaiəti	써**싸**이엇티
divorce	이혼, (v.) 이혼시키다, 분리시키다	divɔːrs	디**보**쓰
performance	실행, 이행, 상연, 연기, 연주	pərfɔːrməns	퍼**뽀**먼쓰

단어	뜻	발음기호	한글발음
incredible	믿어지지 않는, 굉장한	inkredəbl	인크레더블
tissue	티슈, (근육/신경 등의) 조직, 직물	tiʃu:	티슈
omit	생략하다, ~을 빠뜨리다	oumit	오우밋트
slide	미끄러짐, (v.) 미끄러지다, 이동하다(slide-slid-slid)	slaid	슬라이드
monument	기념비, 기념물, 유물	manjumənt	마뉴먼트

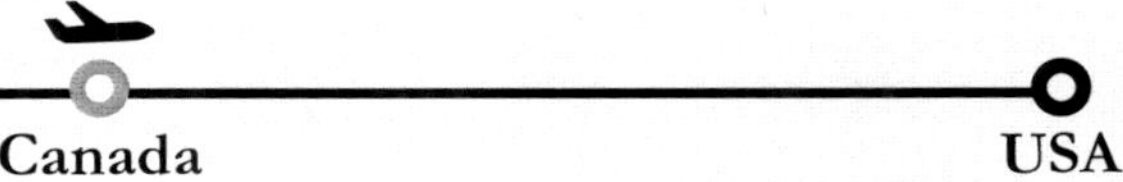

단어	뜻	발음기호	한글발음
bygone	과거의, 지난	baigɔ:n	바이곤
jealous	질투심 많은, 시기하는	dʒeləs	젤러쓰
lid	뚜껑, 덮개, 눈꺼풀	lid	리드
somewhat	어느 정도, 다소	sʌmhwʌt	썸홧
genius	천재	dʒi:njəs	지니어쓰

Chunk set 136 ▸▸

단어	뜻	발음기호	한글발음
flip	손으로 튀기다, 가볍게 치다	flip	쁠립
wander	헤매다, 떠돌다	wandər	완더
lament	비탄, 슬픔, (v.) 슬퍼하다	ləment	러멘트
trunk	나무줄기, 여행용 큰 가방, 코끼리의 코	trʌŋk	트렁크
port	항구	pɔ:rt	포트

Korea

단어	뜻	발음기호	한글발음
complain	불평하다	kəmplein	컴플레인
foremost	맨 처음의, 으뜸가는, 주요한	fɔ:rmoust	뽀모우스트
bare	발가벗은, 노출된	bɛər	베어
uniform	제복, 교복	ju:nəfɔ:rm	유니뽐
seaweed	해초	si:wi:d	씨위드

단어	뜻	발음기호	한글발음
altitude	높이, 고도	æltətjuːd	**앨터튜드**
magnify	확대하다, 과장하다	mægnəfai	**매그니빠이**
past	지나간, 과거	pæst	**패스트**
enclose	둘러싸다, 에워싸다	inklouz	**인클로우즈**
advent	출현, 도래	ædvent	**애드번트**

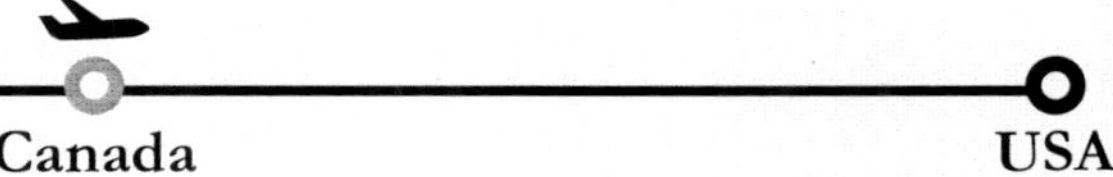

단어	뜻	발음기호	한글발음
justify	정당화하다	dʒʌstəfai	**져스티빠이**
zip	지퍼, (v.) 지퍼를 달다	zip	**집**
moisture	습기, 수분	mɔisʧər	**모이스쳐**
anthropology	인류학	ænθrəpalədʒi	**앤쓰로팔로쥐**
gender	성, 성별	dʒendər	**젠더**

Chunk set 137 ▸▸

단어	뜻	발음기호	한글발음
stem	줄기, 대, (v.) 유래하다	stem	스템
prominent	두드러진, 현저한	pramənənt	프라머넌트
penetrate	꿰뚫다, 통과/관통하다	penətreit	**페**너트레잇트
indulge	(환락/욕망 등에) 빠지다	indʌldʒ	인**덜**쥐
civilization	문명, 개화	sivəli-zeiʃən	씨빌라이**제**이션

Korea

단어	뜻	발음기호	한글발음
prone	~하기 쉬운, ~하는 경향이 있는	proun	프로운
strip	벗기다, 빼앗다, 박탈하다	strip	스트립
allow	허락하다, 용납하다	əlau	얼라우
oppress	압박하다, 억압하다	əpres	어프**레**쓰
scheme	계획, 사업 계획	ski:m	스킴

단어	뜻	발음기호	한글발음
overthrow	뒤집어엎다, 타도하다	ouvərθrou	오우버쓰러우
nourish	영양분을 주다, 기르다	nə:riʃ	너리쉬
err	실수하다, 잘못하다	ə:r, ɛər	어
fix	고정시키다, 정하다, 수리히다	fiks	삑스
diploma	졸업장, 수료증	diploumə	디플로우머

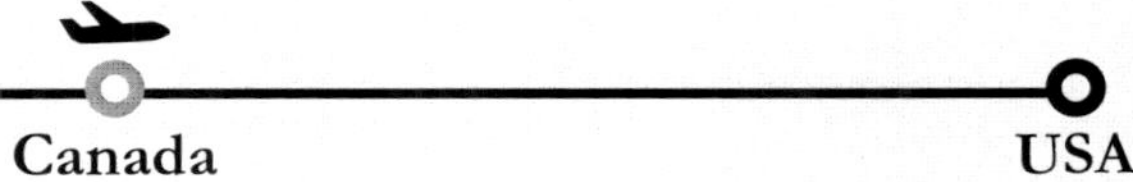

단어	뜻	발음기호	한글발음
staggering	비틀거리는, 깜짝 놀라게 하는	stægəriŋ	스태거링
Jew	유대인	dʒu:	쥬
hang	목매달다(hang-hanged-hanged), 걸다(hang-hung-hung), (n.) 걸대	hæŋ	행
bridge	다리, (v.) 잇다, 메우다	bridʒ	브리쥐
objective	객관적인, (n.) 목적, 목표	əbdʒektiv	어브젝티브

Chunk set 138 ▸▸

단어	뜻	발음기호	한글발음
alter	바꾸다, 수정하다	ɔ:ltər	**올터**
consider	숙고하다, 고려하다	kənsidər	**컨씨더**
veterinarian	수의사	vetərənɛəriən	베터러**네**어리언
chill	냉기, 한기, (adj.) 차가운, 냉담한	ʧil	**칠**
lyric	서정시, 노래가사	lirik	**리릭**

Korea

clap	찰싹, (v.) (손뼉을) 치다	klæp	클랩
dumb	벙어리의, 우둔한	dʌm	덤
rush	돌진하다, 쇄도하다, 서두르다	rʌʃ	러쉬
bend	구부리다, 기울이다(bend-bent-bent)	bend	벤드
refuge	피난, 도피, 피난처	refju:dʒ	**레**뷰쥐

단어	뜻	발음기호	한글발음
cottage	오두막, 시골집	katidʒ	카티쥐
ingredient	성분, 원료	ingri:diənt	인그리디언트
yield	생산하다, (결과 등을) 초래하다, 양보하다	ji:ld	일드
request	요청, 요구, 부탁하다	rikwest	리퀘스트
hitch	히치하이크, 히치하이크하다	hitʃ	히취

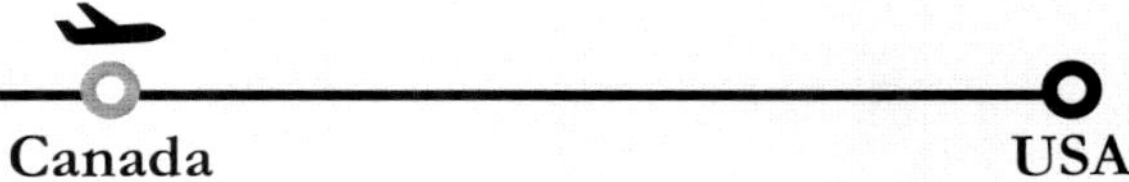

carefree	근심이 없는, 걱정이 없는	kerfri:	케어쁘리
conservation	보호, 보존	ka:nsərveiʃn	컨써베이션
cluster	(과실/꽃 등의) 송이, 떼, 무리	klʌstər	클러스터
focus	초점, (v.) 초점을 맞추다, 집중시키다	foukəs	뽀우커쓰
witness	목격자, (v.) 목격하다	witnis	윗트니쓰

Chunk set 139 ▸▸

단어	뜻	발음기호	한글발음
-legged	~한 다리가 있는, 다리가 ~한	legid	레기드
barn	헛간, 광	ba:rn	바안
decent	고상한, 점잖은, (옷/집/수입 등이) 어지간한	di:snt	디슨트
tablet	동그란 알약, 글자가 새겨진 석판	tæblit	태블릿
mushroom	버섯	mʌʃru:m	머쉬룸

Korea

infection	전염, 간염	infekʃən	인뻭션
meteor	유성, 운석	mi:tiər	미티어
horn	경적, 뿔	hɔ:rn	혼
trifle	하찮은 것, 사소한 일	traifl	트라이쁠
masterpiece	걸작, 명작	mæstərpi:s	매스터피쓰

단어	뜻	발음기호	한글발음
secondhand	간접적인, 중고의	sekəndhænd	세컨드핸드
scent	향기, 냄새	sent	쎈트
healthy	건강한, 건강에 좋은	helθi	헬씨
overdue	연착한, 지체된	ouvərdu:	오우버듀
banquet	연회, 축하연	bæŋkwit	뱅큇

USA

단어	뜻	발음기호	한글발음
frustrate	(계획/의도 등을) 좌절시키다	frʌstreit	쁘러스트레잇트
farewell	안녕, 작별	fɛərwel	뻬어웰
range	범위, 영역, (v.) ~의 범위에 걸치다	reindʒ	레인쥐
satire	풍자, 비꼼	sætaiər	쌔타이어
archaeology	고고학	a:rkia:lədʒ	아키알러쥐

Chunk set 140 ▸▸

단어	뜻	발음기호	한글발음
biography	전기, 일대기	baiagrəfi	바이**아**그러삐
Easter	부활절	iːstər	**이**스터
contain	포함하다, ~이 들어있다	kəntein	컨**테**인
prohibit	금지하다, 방해하다	prouhibit	프로우**히**빗
expedition	탐험, 탐험대	ekspədiʃən	엑쓰퍼**디**션

Korea

단어	뜻	발음기호	한글발음
haul	끌어당기다, 잡아채다	hɔːl	호올
imaginable	상상할 수 있는	imædʒənəbl	이**매**쥐너블
a few	약간의, 조금의 (가산 명사에 쓰임)(긍정적 의미)	ə fjuː	어 **뷰**
aware	~을 알고 있는	əwɛər	어**웨**어
flaw	흠, 금, 결점	flɔː	쁠로

단어	뜻	발음기호	한글발음
plow	쟁기, (v.) 밭을 갈다, 쟁기질하다	plau	플라우
harsh	거친, 거슬리는, 가혹한	haːrʃ	하쉬
misfortune	불행, 역경	misfɔːrʧuːn	미스**뽀츈**
pave	길을 포장하다	peiv	페이브
broadcast	방송하다, 방영하다	brɔːdkæst	브로드캐스트

USA

jellyfish	해파리	dʒelifiʃ	**젤**리삐쉬
deadly	치명적인, 몹시, 대단히	dedli	**데**들리
intensive	강한, 강인한, 철저한	intensiv	인**텐**씨브
calf	송아지	kæf	**캐**쁘
spot	장소, 지점, 반점, 얼룩	spat	스팟

Chunk set 141 ▸▸

단어	뜻	발음기호	한글발음
historic	역사적으로 유명한	histɔ:rik	히스**토**릭
ramp	진입로, 경사로	ræmp	램프
extent	범위, 정도, 넓이	ikstent	익쓰**텐**트
antedate	~보다 먼저 일어나다	æntideit	**앤**티데잇트
ominous	불길한, 조짐이 나쁜	amənəs	**아**미너쓰

Korea

resolve	용해하다, 해결하다, 결심하다	rizalv	리**졸**브
diminish	감소하다, 줄이다, 감소시키다	diminiʃ	디**미**니쉬
fertile	비옥한, 다산의	fə:rtl	**뻐**타일
sprout	싹, (v.) 싹트다	spraut	스프라웃트
geometry	기하학	dʒiamətri	쥐**아**머트리

단어	뜻	발음기호	한글발음
affair	일, 불륜	əfɛər	어뻬어
minister	장관, 성직자, 목사	minəstər	미니스터
germ	세균, 병원균	dʒə:rm	젊
reward	보수, 보상, (v.) 보상하다	riwɔ:rd	리워드
fuzzy	희미한, 불명확한	fʌzi	뻐지

USA

단어	뜻	발음기호	한글발음
coincide	동시에 일어나다, 일치하다	kouinsaid	코인싸이드
male	남자의, 수컷의, (n.) 남자, 수컷	meil	메일
ruthless	무자비한, 냉정한	ru:θlis	루쓰러쓰
prospect	전망, 기대, 경치	praspekt	프라스펙트
apathetic	무관심한	æpəθetik	애퍼쎄틱

단어	뜻	발음기호	한글발음
refresh	상쾌하게 하다, 새롭게 하다	rifreʃ	리쁘레쉬
pertinent	적절한, 적당한	pəːrtənənt	퍼티넌트
greed	욕심, 탐욕	griːd	그리드
enrollment	등록, 입학	inroulmənt	인로울먼트
global	지구의, 세계적인	gloubəl	글로우벌

Korea

단어	뜻	발음기호	한글발음
supreme	최고의, 최상의	səpriːm	쑤프림
parallel	평행의, (n.) 평행선, (v.) ~에 평행하다	pærəlel	패럴렐
even	심지어 ~조차도, 더욱, 평평한	iːvən	이븐
seasoned	조미한, 맛을 낸, 경험을 쌓은	siːznd	씨즌드
debate	토론, 논쟁, (v.) 논쟁하다, 토론하다	dibeit	디베잇트

단어	뜻	발음기호	한글발음
pier	부두, 방파제	piər	피어
terrific	굉장한, 무시무시한, 아주 멋진	tərifik	터리**픽**
enable	~을 할 수 있게 하다, 가능케 하다	ineibl	인**에**이블
disabled	불구가 된, 무능력해진	diseibld	디스**에**이블드
epic	서사시	epik	**에**픽

USA

단어	뜻	발음기호	한글발음
territory	영토, 지역, 영역, 분야	terətɔ:ri	**테**러터리
admire	존경하다, 칭찬하다	ədmaiə(r)	어드**마**이어
affection	사람, 애정	əfekʃən	어**펙**션
sew	바느질하다, 꿰매다(sew-sewed-sewed)	sou	쏘우
sob	흐느껴 울다	sab	쏘브

Chunk set 143 ▸▸

단어	뜻	발음기호	한글발음
aspire	열망하다, 갈망하다	əspaiər	어스**파**이어
funeral	장례식	fju:nərəl	**쀼**너럴
fatigue	피로, 피곤	fəti:g	뻐**티**그
abstract	추상적인, 관념적인, (v.) 추출하다, 뽑아내다	æbstrækt / (v.) æbstrækt	**앱**스트랙트 / (v.) 앱스트**랙**트
inspect	검사하다, 조사하다	inspekt	인스**펙**트

Korea

단어	뜻	발음기호	한글발음
radical	근본적인, 급진적인, 과격한	rædikəl	**래**디컬
tiny	작은, 조그만한	taini	**타**이니
January	1월	dʒænjueri	**재**뉴에뤼
February	2월	februeri	**뻬**부루에뤼
March	3월	mɑ:rtʃ	마아취

단어	뜻	발음기호	한글발음
April	4월	eiprəl	에이프뤌
May	5월	mei	메이
June	6월	dʒuːn	쥬운
July	7월	dʒulai	쥴라이
August	8월	ɔːgəst	오오거스트

USA

단어	뜻	발음기호	한글발음
September	9월	septembə	쎂템버
October	10월	ɑːktoʊbə	아악토우버
November	11월	noʊvembə	노우벰버
December	12월	disembə	디쎔버
year	(1년 열두 달로 이뤄진) 해	jir	이어

Part

03

표모음

<영어발음 기호표> 국제음성학회(International Phonetic Association)

발음기호	소리	기호	발음기호	소리	기호
[a]	아	ㅏ	[b]	브	ㅂ
[e]	에	ㅔ	[d]	드	ㄷ
[i]	이	ㅣ	[j]	이	ㅣ
[o]	오	ㅗ	[l]	러	ㄹ
[u]	우	ㅜ	[m]	므	ㅁ
[w]	우	ㅜ	[n]	느	ㄴ
[ʌ]	어	ㅓ	[r]	르	ㄹ
[ɔ]	오	ㅗ	[v]	브	ㅂ
[ɛ]	에	ㅔ	[z]	즈	ㅈ
[æ]	애	ㅐ	[ʒ]	쥐	ㅈ
[ɑ:]	아-		[ʤ]	쥐	주
[ə:]	어-		[ʤa]	주ㅏ	
[i:]	이-		[ʒ]	지	ㅈ
[u:]	우-		[tz]	쯔	ㅉ
[ɔ:]	오-		[ð]	뜨	ㄸ
[ai]	아이		[h]	흐	ㅎ
[ei]	에이		[g]	그	ㄱ
[ɔi]	오이		[ŋ]	응	ㅇ
[au]	아우		[f]	프	ㅍ
[ou]	오우		[k]	크	ㅋ
[iə]	이어		[p]	퍼	ㅍ
[uə]	우어		[s]	스	ㅅ
[ɛə]	에어		[t]	트	ㅌ
[eə]	에어		[ʃ]	쉬	수
[wa]	와		[tʃ]	취	추
[wɔ]	워		[tʃa]	추ㅏ	
[ju]	유		[θ]	쓰	ㅆ

<숫자표> (위: 기수, 아래: 서수)

1 1st	one first	**11** 11th	eleven eleventh	**21** 21st	twenty one twenty first
2 2nd	two second	**12** 12th	twelve twelfth	**22** 22nd	twenty two twenty second
3 3rd	three third	**13** 13th	thirteen thirteenth	**23** 23rd	twenty three twenty third
4 4th	four fourth	**14** 14th	fourteen fourteenth	**24** 24th	twenty four twenty fourth
5 5th	five fifth	**15** 15th	fifteen fifteenth	**25** 25th	twenty five twenty fifth
6 6th	six sixth	**16** 16th	sixteen sixteenth	**26** 26th	twenty six twenty sixth
7 7th	seven seventh	**17** 17th	seventeen seventeenth	**27** 27th	twenty seven twenty seventh
8 8th	eight eighth	**18** 18th	eighteen eighteenth	**28** 28th	twenty eight twenty eighth
9 9th	nine ninth	**19** 19th	nineteen nineteenth	**29** 29th	twenty nine twenty ninth
10 10th	ten tenth	**20** 20th	twenty twentieth	**30** 30th	thirty thirtieth

40 40th	forty fortieth		
50 50th	fifty fiftieth	**777** **seven hundred (and) seventy seven**	
60 60th	sixty sixtieth	**7,777** **seven thousand seven hundred (and) seventy seven**	
70 70th	seventy seventieth		
80 80th	eighty eightieth	**777,777** **seven hundred (and) seventy seven thousand** **seven hundred (and) seventy seven**	
90 90th	ninety ninetieth		
100 100th	one hundred one hundredth	**hundred** **thousand** 10^3	백 천
1,000 1,000th	one thousand one thousandth	**million** 10^6 **billion** 10^9	백만 십억
1,000,000 1,000,000th	one million one millionth	**trillion** 10^{12} **quadrillion** 10^{15}	일조 천조
1,000,000,000 1,000,000,000th	one billion one billionth	**quintillion** 10^{18} **sextillion** 10^{21} **septillion** 20^{24}	백경 십해 일자

<주요국가 화폐 단위 및 통화코드> 가나다순

	국가명 공식 국가명	화폐단위 통화코드		국가명 공식 국가명	화폐단위 통화코드
1	남아프리카 공화국 Republic of South Africa	Rand ZAR	2	노르웨이 the Kingdom of Norway	Krone NOK
3	뉴질랜드 New Zealand	Dollar NZD	4	대만 Taiwan	Dollar TWD
5	덴마크 the Kingdom of Denmark	Krone DKK	6	러시아 Russia	Ruble RUB
7	말레이시아 the Federation of Malaysia	Ringgit MYR	8	멕시코 United Mexican States	Peso MXN
9	미국 the United States (of America)	Dollar USD	10	바레인 the State of Bahrain	Dinar BHD
11	방글라데시 the People's Republic of Bangladesh	Taka BDT	12	베트남 the Socialist Republic of Vietnam	Dong VND
13	브라질 the Federative Republic of Brazil	Real BRL	14	브루나이 Brunei	Dollar BND
15	사우디아라비아 the Kingdom of Saudi Arabia	Riyal SAR	16	스위스 the Swiss Confederation	Franc CHF
17	싱가포르 the Republic of Singapore	Dollar SGD	18	아랍에미리트 United Arab Emirates	Dirham AED
19	영국 the United Kingdom	Pound GBP	20	유럽연합 European Union	Euro EUR
21	이집트 the Arab Republic of Egypt	Pound EGP	22	인도 India	Rupee INR
23	인도네시아 the Republic of Indonesia	Rupiah IDR	24	일본 Japan	Yen JPY
25	중국 the people's Republic of China	Yuan CNY	26	캐나다 Canada	Dollar CAD
27	쿠웨이트 the State of Kuwait	Dinar KWD	28	태국 the Kingdom of Thailand	Baht THB
29	터키 the Turkish Republic	Lira TRY	30	파키스탄 the Islamic Republic of Pakistan	Rupee PKR
31	필리핀 the Republic of the Philippines	Peso PHP	32	헝가리 Hungary	Forint HUF
33	호주 Australia	Dollar AUD	34	홍콩 Hong Kong Sar	Dollar HKD

Part **04**

불규칙 동사표

<시험에 자주 출제되는 불규칙 동사 정리>

동사원형	과거형	과거분사형	동사원형	과거형	과거분사형
arise 일어나다	arose	arisen	**awake** 깨우다	awoke	awoken
am, is / are ~이다, 있다	was / were	been	**beat** 치다	beat	beaten
become 되다	became	become	**begin** 시작하다	began	begun
bend 구부리다	bent	bent	**bet** 내기하다	bet	bet
bite 물다	bit	bitten	**bleed** 피를 흘리다	bled	bled
blow 불다	blew	blown	**break** 깨다	broke	broken
bring 가져오다	brought	brought	**build** 건설하다	built	built
burn 타다	burnt	burnt	**burst** 터지다	burst	burst
buy 사다	bought	bought	**cast** 던지다	cast	cast
catch 잡다	caught	caught	**choose** 선택하다	chose	chosen
cling 달라붙다	clung	clung	**come** 오다	came	come
cost 비용이 들다	cost	cost	**creep** 기다	crept	crept
cut 자르다	cut	cut	**deal** 다루다	dealt	dealt
dig 파다	dug	dug	**dive** 잠수하다	dove	dived
do 하다	did	done	**draw** 그리다	drew	drawn
drink 마시다	drank	drunk	**drive** 운전하다	drove	driven
eat 먹다	ate	eaten	**fall** 떨어지다	fell	fallen
feed 먹이다	fed	fed	**feel** 느끼다	felt	felt
fight 싸우다	fought	fought	**find** 발견하다	found	found
fit 꼭 맞다	fit	fit	**flee** 도망가다	fled	fled
fly 날다	flew	flown	**forbid** 금하다	forbade	forbidden
forget 잊다	forgot	forgot/ forgotten	**forgive** 용서하다	forgave	forgiven
freeze 얼다	froze	frozen	**get** 얻다	got	got / gotten
give 주다	gave	given	**go** 가다	went	gone
grind 갈다	ground	ground	**grow** 자라다	grew	grown
hang 걸다	hung	hung	**have** 가지다	had	had
hear 듣다	heard	heard	**hide** 숨기다	hid	hidden
hit 치다	hit	hit	**hold** 잡다	held	held
hurt 다치게 하다	hurt	hurt	**keep** 유지하다	kept	kept
kneel 무릎 꿇다	knelt	knelt	**know** 알다	knew	known

lay 놓다	laid	laid	**lead** 이끌다	led	led
leap 뛰다	leapt	leapt	**leave** 떠나다	left	left
lend 빌려주다	lent	lent	**let** 시키다	let	let
lie 눕다	lay	lain	**light** 비추다	lit	lit
lose 지다	lost	lost	**make** 만들다	made	made
mean 의미하다	meant	meant	**meet** 만나다	met	met
pay 지불하다	paid	paid	**prove** 증명하다	proved	proven
put 놓다	put	put	**quit** 그만두다	quit	quit
read 읽다	read	read	**ride** 타다	rode	ridden
ring 울리다	rang	rung	**rise** 일어나다	rose	risen
run 달리다	ran	run	**say** 말하다	said	said
see 보다	saw	seen	**seek** 찾다	sought	sought
sell 팔다	sold	sold	**send** 보내다	sent	sent
set 정하다, 배치하다	set	set	**sew** 꿰매다	sewed	sewn
shake 흔들다	shook	shaken	**shave** 면도하다	shaved	shaven
shine 빛나다	shone	shone	**shoot** 쏘다	shot	shot
show 보여주다	showed	shown	**shrink** 움츠러들다	shrank / shrunk	shrunk / shrunken
shut 닫다	shut	shut	**sing** 노래하다	sang	sung
sink 가라앉다	sank	sunk	**sit** 앉다	sat	sat
sleep 자다	slept	slept	**slide** 미끄러지다	slid	slid
speak 말하다	spoke	spoken	**speed** 속력을 내다	sped	sped
spell 철자를 쓰다	spelt	spelt	**spend** 쓰다, 소비하다	spent	spent
spill 엎지르다	spilt	spilt	**spin** 돌리다	spun	spun
spit 침을 뱉다	spit / spat	spit / spat	**split** 쪼개다	split	split
spread 펴다, 퍼지다	spread	spread	**spring** 튀어 오르다	sprang	sprung
stand 서다, 서있다	stood	stood	**steal** 훔치다	stole	stolen
stick 달라붙다	stuck	stuck	**sting** 찌르다	stung	stung
strike 치다	struck	stuck	**swear** 맹세하다	swore	sworn
sweep 쓸다, 청소하다	swept	swept	**swim** 수영하다	swam	swum
swing 휘두르다	swung	swung	**take** 취하다	took	taken

동사원형	과거형	과거분사형	동사원형	과거형	과거분사형
teach 가르치다	taught	taught	**tear** 찢다	tore	torn
tell 말하다	told	told	**think** 생각하다	thought	thought
throw 던지다	threw	thrown	**upset** 뒤엎다	upset	upset
wake 잠에서 깨다	woke	woken	**wear** 입다	wore	worn
weave 엮다	wove	woven	**weep** 울다	wept	wept
win 이기다	won	won	**wind** 감다	wound	wound
write 쓰다	wrote	written			

시험에
자주 등장하는
영어 속담 모음

- A bad workman finds fault with his tools.

  솜씨 없는 일꾼이 연장 탓한다.

- A barking dog never bites.

  짖는 개는 절대 물지 않는다. (빈 수레가 요란하다.)

- A big fish must swim in deep waters.

  큰물에서 놀아야 한다.

- A bird in the hand is worth two in the bush.

  내 돈 한 푼이 남의 돈 천 냥보다 낫다. (남의 돈 천 냥보다 제 돈 한 냥)

- A black hen lays a white egg.

  개천에서 용 난다.

- A buddy from my old stomping grounds.

  죽마고우

- A burnt child dreads the fire.

  자라 보고 놀란 가슴 솥뚜껑 보고도 놀란다.

- A day after the fair.

  박람회 다음 날 (사후 약방문, 버스 지나간 뒤 손들기)

- A door must either be shut or open.

  문은 반드시 닫히거나 열린다.

- A drop in the ocean.

  바다의 물 한 방울 (엄청나게 많은 것 중의 사소한 하나를 가리키는 뜻)

- A drowning man will catch at a straw.

  물에 빠진 사람은 지푸라기라도 잡는다.

- A fool may talk, but a wise man speaks.

  우매한 자는 지껄이지만 현명한 자는 이야기한다.

- A friend in need is a friend indeed.

  어려울 때의 친구가 진정한 친구다.

- A golden key opens every door.
  돈이면 안 되는 것이 없다.

- A good medicine tastes bitter.
  좋은 약은 입에 쓰다. (입에 쓴 약이 병에는 좋다.)

- A guilty conscience needs no accuser.
  도둑이 제 발 저린다.

- A journey of a thousand miles begins with a single step.
  = Step by step one goes a long way.
  천 리 길도 한 걸음부터

- A leopard can't change his spots.
  제 버릇 개 못 준다.

- A little knowledge is dangerous.
  어설픈 지식은 위험하다. (선무당이 사람 잡는다.)

- A loaf of bread is better than the song of many birds.
  금강산도 식후경

- A man is known by the company he keeps.
  친구들을 보면 그 사람을 알 수 있다.

- A picture is worth a thousand words.
  천 마디의 말보다 한 번 보는 게 더 낫다.

- A rags to riches story.
  개천에서 용 난다.

- A rat in the trap.
  독 안에 든 쥐

- A rolling stone gathers no moss.
  구르는 돌에는 이끼가 끼지 않는다.

- A sound mind in a sound body.
  건강한 신체에 건강한 정신이 깃든다.

- A stitch in time saves nine.

  제때의 바늘 한번이 아홉 바느질을 던다. (호미로 막을 데 가래로 막는다.)

- A watched pot never boils.

  기다리는 버스는 오지 않는다.

- A wolf in sheep's clothing. A wolf in a lamb's skin.

  양의 탈을 쓴 이리 (위선자)

- Actions speak louder than words.

  말보다 행동이 중요하다.

- Adding insult to injury.

  엎친 데 덮친 격

- After death, to call the doctor.

  소 잃고 외양간 고치기

- After the storm comes the calm.

  비 온 뒤에 땅이 더 굳어진다.

- All is not gold that glitters.

  = All that glitters is not gold.

  번쩍인다고 다 금이 아니다. (외모에 현혹되지 말라.)

- All is well that ends well.

  끝이 좋으면 다 좋다.

- All work and no play makes Jack a dull boy.

  공부만 하고 놀지 않으면 아이는 바보가 된다.

- As one sows, so shall he reap.

  뿌린 대로 거두리라. (콩 심은 데 콩 나고 팥 심은 데 팥 난다.)

- As the twig is bent, so grows the tree.

  될성부른 나무 떡잎부터 알아본다.

B

- Bad workmen blame their tools.
  서투른 목수가 연장만 나무란다.

- Be it ever so humble, there's no place like home.
  집이 세상에서 가장 편한 곳이다.

- Beauty is in the eye of the beholder.
  제 눈에 안경이다.

- Better be the head of a dog than the tail of a lion.
  용의 꼬리가 되기보다는 뱀의 머리가 낫다.

- Better late than never.
  아무것도 하지 않는 것보다는 늦게라도 하는 게 낫다.

- Birds of a feather flock together.
  유유상종

- Blood is thicker than water.
  피는 물보다 진하다.

- Born is barn.
  꼬리가 길다. 꼬리가 길면 잡힌다.

C

- Can't get blood from a turnip.
  벼룩의 간을 빼먹는다.

- Can not see the wood for the trees.
  나무만 보고 숲은 보지 못한다.

- Casting pearls before swine.
  돼지 목에 진주목걸이

- Charity begins at home.

  자선은 가정에서 시작된다. (팔은 안으로 굽는다.)

- Claw me and I'll claw thee.

  오는 말이 고와야 가는 말이 곱다.

- Clothes make the man.

  옷이 날개다.

- Cut off your nose to spite your face.

  누워서 침 뱉기

D

- Dead men tell no tales.

  죽은 사람은 말이 없다.

- Do good and don't look back.

  선을 행하고 대가를 바라지 마라.

- Do into others as you would have them into you.

  대접받고 싶으면 남에게 대접해라.

- Don't count the chickens before they are hatched.

  김칫국부터 마시지 말라.

- Don't mount a dead horse.

  엎질러진 물

E

- **Easier said than done.**
  행동보다 말이 쉽다.

- **Empty vessels make the most sound.**
  빈 수레가 요란하다.

- **Enter ye in at the strait gate.** (cf. 'ye'는 고어로 you의 복수형, 단수형은 thou)
  좁은 문으로 들어가라.

- **Even a worm will turn.**
  지렁이도 밟으면 꿈틀한다.

- **Even Homer sometimes nods.**
  = **Even the greatest make mistakes.**
  원숭이도 나무에서 떨어질 때가 있다.

- **Every cloud has a silver lining.**
  괴로움이 있으면 즐거움도 있다. (괴로움 뒤에는 기쁨이 있다.)

- **Every dog has his day.**
  쥐구멍에도 볕 들 날 있다.

- **Every Jack has his Jill.**
  짚신도 짝이 있다.

- **Every minute seems like a thousand.**
  1분마다 천 분 같다. (일각이 여삼추)

- **Every tide has its ebb.**
  달도 차면 기운다.

- **Everyone has a skeleton in the closet.**
  털어서 먼지 안 나는 사람 없다.

F

- Face the music.
  울며 겨자 먹기

- Failure is but a stepping stone to success.
  실패는 성공의 어머니

- Father's virtue is the best heritage for his child.
  아버지의 덕행은 최상의 유산이다.

- Finders keepers, loser weepers.
  주운 사람이 임자다.

- Fine clothes make the man.
  = Fine feathers make fine birds.
  옷이 날개다.

- Fools rush in the where angels fear to tread.
  하룻강아지 범 무서운 줄 모른다.

- Fortune knocks three times at everyone's door.
  모든 사람에게 일생에 세 번은 기회가 찾아온다.

G

- Genius must be born, and never can be taught.
  천재는 타고나는 것이지, 가르쳐서 되는 것이 아니다.

- Get angry at others for ones own mistakes.
  방귀 뀐 놈이 성낸다.

- Go home and kick the dog.
  종로에서 뺨 맞고 한강 가서 눈 흘긴다.

- Go it while you are young.
  젊을 때 해봐라.

- Greed has no limits.
  욕심은 끝이 없다.

H

- Habit is (a) second nature.
  세 살 버릇 여든 간다.

- Happiness and misery are not fated but self-sought.
  인생은 개척하는 것이다.

- Haste makes waste.
  급할수록 돌아가라.

- He bit off more than he can chew.
  송충이는 솔잎을 먹어야 한다.

- He that will steal a pin will steal an ox.
  바늘 도둑이 소도둑 된다.

- Heaven helps those who help themselves.
  하늘은 스스로 돕는 자를 돕는다.

- Hunger is best sauce.
  시장이 반찬이다.

I

- Icing on the cake.
  금상첨화

- If at first you don't succeed, try, try again.
  칠전팔기

- If you laugh, blessings will come your way.

  웃으면 복이 온다.

- Ignorance is bliss.

  모르는 게 약이다.

- Ill news flies.

  발 없는 말이 천 리 간다.

- In one ear and out the other.

  한 귀로 듣고 한 귀로 흘린다.

- It's a piece of cake.

  누워서 떡 먹기

- It's no use crying over spilt milk.

  엎질러진 물

- It is not good to listen to flattery.

  감언이설에 넘어가지 말라.

- It is within a stone's throw.

  엎어지면 코 닿을 데

- It never rains but it pours.

  비가 내렸다 하면 억수로 퍼붓는다. (화불단행: 나쁜 일은 연이어 일어남)

- It takes two to tango.

  손뼉도 마주쳐야 소리가 난다.

K

- Kill two birds with one stone.

  일석이조

- Knock at the door and it will be opened.

  두드려라. 그러면 열릴 것이다.

L

- Let sleeping dogs lie.
  긁어 부스럼

- Let's get to the point.
  거두절미

- Life is full of ups and downs.
  양지가 음지 되고 음지가 양지된다.

- Like father, like son.
  부전자전

- Little drops of water make the mighty ocean.
  티끌 모아 태산

- Look before you leap.
  돌다리도 두들겨 보고 건너라.

- Love me, love my dog.
  마누라가 예쁘면 처갓집 말뚝에도 절한다.

M

- Many drops make a shower.
  낙숫물이 바위를 뚫는다. (티끌 모아 태산)

- Many hands make light work.
  백지장도 맞들면 낫다.

- Marry in haste, repent at leisure.
  서두른 결혼은 두고두고 후회한다.

- Match made in heaven.
  천생연분

• Mend the barn after the horse is stolen.
소 잃고 외양간 고친다.

• Money makes the mare to go.
돈이 있으면 귀신도 부릴 수 있다.

• More haste less speed.
급할수록 돌아가라.

N

• Never put off till tomorrow what you can do today.
오늘 할 일을 내일로 미루지 말라.

• No news is good news.
무소식이 희소식

• No pains, no gains.
노력이 있어야 얻는 것이 있다.

• No smoke without fire.
아니 땐 굴뚝에 연기 날까.

• None but the brave deserves the fair.
용기 있는 자가 미녀를 얻는다.

• Nothing ventured, nothing gained.
호랑이 굴에 들어가야 호랑이를 잡는다.

O

• One man sows and another man reaps.
재주는 곰이 넘고 돈은 되놈이 번다.

- Out of sight, out of mind.

  안 보면 멀어진다.

- One rotten apple spoils the barrel.

  미꾸라지 한 마리가 온 웅덩이를 흐린다.

- One swallow does not make a summer.

  제비 한 마리가 왔다고 여름이 온 것은 아니다. (속단은 금물)

P

- Pie in the sky.

  그림의 떡

- Practice makes perfect.

  훈련이 완벽을 만든다.

- Rome was not built in a day.

  첫술에 배부르랴.

S

- Searching for a needle in a haystack.

  잔디밭에서 바늘 찾기

- Shrouds have no pockets.

  빈손으로 왔다가 빈손으로 간다.

- Slow and steady win the game.

  천천히 그리고 꾸준히 하면 이긴다.

- Stabbed in the back.

  믿는 도끼에 발등 찍힌다.

- Starts off with a bang and ends with a whimper.

  용두사미

- Strike while the iron is hot.

  쇠뿔도 단김에 빼라.

- Sweet talk.

  감언이설

T

- Talk of the devil and you'll hear the flutter of his wings.

  호랑이도 제 말 하면 온다.

- Talking to the wall.

  소 귀에 경 읽기

- The early bird catches the worm.

  일찍 일어나는 새가 벌레를 잡는다.

- The grass is greener on the other side of the fence.

  남의 떡이 커 보인다.

- The pot calls the kettle black.

  똥 묻은 개 겨 묻은 개 나무란다.

- The sparrow near a school sings the primer.

  서당개 3년이면 풍월을 읊는다.

- There is no place like home.

  집만한 곳이 없다.

- There is no rest for a family(mother) with many children.

  가지 많은 나무 바람 잘 날 없다.

- Thorn in the side.

  눈에 가시

- **Thrown away like an old shoe.**
  헌신짝 버리듯한다.

- **Time and tide wait for no man.**
  시간은 사람을 기다리지 않는다.

- **To see is to believe.**
  백문이 불여일견

- **To teach a fish how to swim.**
  공자 앞에서 문자 쓴다.

- **Troubles never come singly.**
  불행은 겹치는 법이다.

- **Turning green with envy.**
  사촌이 땅을 사면 배가 아프다.

W

- **Walls have ears.**
  낮말은 새가 듣고 밤말은 쥐가 듣는다.

- **Well begun is half done.**
  시작이 반이다.

- **What's learned in the cradle is carried to the grave.**
  세 살 버릇 여든까지 간다.

- **Where there is a will, there is a way.**
  뜻이 있는 곳에 길이 있다.

- **Who holds the purse rules the house.**
  돈주머니 쥔 자가 가정을 지배한다.

- You could sell him the Brooklyn Bridge.
  팥으로 메주를 쑨다 해도 믿는다.

- You don't know what you've got until you've lost it.
  구관이 명관

- You've cried wolf too many times.
  콩으로 메주를 쑨다 해도 믿지 않는다.